WERNER H. SCHMIDT · KÖNIGTUM GOTTES

WERNER H. SCHMIDT

KÖNIGTUM GOTTES

IN UGARIT UND ISRAEL

ZUR HERKUNFT DER KÖNIGSPRÄDIKATION JAHWES

ZWEITE NEU BEARBEITETE AUFLAGE

1966

VERLAG ALFED TÖPELMANN · BERLIN

BEIHEFTE ZUR ZEITSCHRIFT FÜR DIE
ALTTESTAMENTLICHE WISSENSCHAFT
HERAUSGEGEBEN VON GEORG FOHRER

80

Printed in Germany
Satz und Druck: Walter de Gruyter & Co., Berlin 30
Archiv-Nr. 38 22 661

MEINEN LIEBEN ELTERN

VORWORT

Für die zweite Auflage habe ich meine damalige Dissertation gründlich überarbeitet. In dem ugaritischen Teil bemühte ich mich, die These von den ganz unterschiedlichen Vorstellungen eines Königtums der kanaanäischen Götter El und Baal, die Jahwe auf sich vereinigte, dadurch zu erhärten, daß ich auch die Königsvorstellungen um El schärfer spezifizierte. Die Charakteristika dieses Königtums treten nicht so hervor wie die profilierten Züge Baals. Dazu wurde der Abschnitt des Baalmythos, der von Tod und Auferstehung der Gottheit erzählt, stärker herangezogen. Schließlich wurde gerade der alttestamentliche Teil geändert und erweitert, um nicht nur das Gemeinsame in der Übernahme, sondern auch das Besondere in der Umprägung jener Aussage von Gott als König noch mehr zu verdeutlichen.

Die Erstlingsarbeit fand in der großen Mehrzahl zustimmende und darum für mich sehr ermutigende Besprechungen. Doch den einmal vorgebrachten Einwand, die wenigen Pentateuchtexte von Jahwes Königtum in Israels Frühzeit vor der Begegnung mit den Kanaanäern zu datieren, konnte ich nicht anerkennen (zur Begründung vgl. u. S. 80ff.). Es wird dabei bleiben müssen, daß die alttestamentlichen Aussagen vom »Königtum« Jahwes erst im Lande aufkamen und höchstwahrscheinlich auf einen gemeinsamen Ursprung zurückgehen, der eben die in Israels Umwelt herrschende mythische Vorstellung vom König der Götter ist.

Der eingeschobene Exkurs über die Thronbesteigungspsalmen, ein überarbeiteter Anhang der Dissertation, möchte die Ergebnisse der Untersuchung für diese Psalmen fruchtbar machen. — Die Literaturverweise wurden aus Ersparnisgründen auf das Wesentliche beschränkt.

Herrn Professor D. Dr. GEORG FOHRER gilt weiterhin mein herzlicher Dank für die Unterstützung bei der ersten und wiederholten Drucklegung und vor allem für die freundschaftliche Verbundenheit seit dem gemeinsamen Palästinaaufenthalt 1960. Aufrichtig danke ich auch dem Verlag Alfred Töpelmann, zumal Herrn Dr. WENZEL, der statt eines geplanten Nachdruckes einen völligen Neudruck der Arbeit ermöglichte.

Mainz, im März 1965 Werner H. Schmidt

INHALTSVERZEICHNIS

A. VORBEMERKUNGEN

ZUM STAND DER FORSCHUNG ÜBER JAHWES KÖNIGTUM

Seit dem Erscheinen von S. MOWINCKELS »Psalmenstudien II. Das Thronbesteigungsfest Jahwäs und der Ursprung der Eschatologie« (1922) gehört Jahwes Königtum zu den umstrittenen Themen der alttestamentlichen Forschung. Zwar hatte man schon vorher zu der Entstehung und Bedeutung der Königsprädikation Jahwes Stellung genommen[1], doch nun mehren sich die Stimmen stark, die diese Frage diskutieren.

In der Nachfolge von W. W. GRAF BAUDISSIN betonte O. EISSFELDT, daß Jahwes Königtum nicht isoliert betrachtet werden darf, da »alle semitischen Völker nicht nur sich ihre Götter als Könige vorstellen, sondern auch für sie dasselbe Epitheton verwenden, nämlich מֶלֶךְ, d. h. daß diese Vorstellung und diese Benennung ursemitisch ist«. Darüber hinaus schloß er sich BAUDISSINS Ansicht an, daß das Gottkönigtum »nur als Unterfall der über den ganzen Bereich des Semitismus verbreiteten Vorstellung der Götter als Herren ganz verständlich wird«[2].

Bereits 1926 vermutete A. Frh. v. GALL, daß Israel »das Königtum (Gottes) erst auf kanaanäischem Boden kennengelernt« hat[3]. Dies gilt M. BUBER für »geschichtlich unerwiesen und unerweislich«. Sein Buch »Königtum Gottes« (1932) kann man als Gegenschlag gegen jene

[1] Vgl. etwa J. WEISS, Die Predigt Jesu vom Reiche Gottes, ²1900. ³1964, 1ff. »Auch da, wo nicht von einem ‚Königtum Jhves' ausdrücklich gesprochen wird, ist doch in allen Zeiten der Israelitischen Geschichte der Glaube vorhanden, daß Jhve der Gott, Herr, König und Fürst Israels ist« (S. 3; dabei unterscheidet W. zunächst nicht zwischen Jahwes Königtum und Heiligem Krieg). — H. EWALD hat unter Abgrenzung von der Erzväterreligion ausgeführt: »Eine gemeinde der wahren religion ward Israel erst durch Mose; und erst seit ihm ward Jahve sein könig, nach der alten so rein erhabenen und doch nicht zu hohen noch weniger zu unklaren anschauung« (Jahrbücher der Biblischen wissenschaft 10, 1859/60, S. 4 unter Berufung auf Dtn 33 2-5 und Ex 19 5f).

[2] Jahwe als König, ZAW 1928, 81—105 (S. 84 bzw. 82 = KlSchr I, 172ff). EISSFELDT betont: »Die älteste sicher datierbare Stelle, die Jahwe das Königsprädikat beilegt, ist Jes 6 5.« Vgl. BAUDISSIN, RE XIII, 269ff; Kyrios III, 44ff.

[3] Basileia tou theou, 1926 (S. 41; vgl. schon Die Herkunft der Bezeichnung Jahwes als König, Wellhausen-Festschrift, BZAW 27, 1914, 145—160). In seinen weiteren Ausführungen erklärt v. GALL jedoch Jahwes Königtum aus der Übernahme vom Parsismus durch Vermittlung Deuterojesajas (S. 85f., 183, 235f.). Sogar Jahwes Gericht über die Götter (Ps 58 2 82) und seine Erhabenheit über sie (Ps 97 9 135 5) leitete v. GALL aus dem Parsismus ab (S. 233f.). Ein augenfälliges Beispiel, wie sehr sich die Forschung in dreißig Jahren zu wandeln vermag!

Anschauung deuten; denn er will bereits »für die Frühzeit Israels die Glaubensvorstellung eines Volkskönigtums Gottes als eine aktuell-geschichtliche erweisen«[4]. Doch fand BUBER weithin keine Zustimmung, da »der Bezeugung Jahwes als des melek im AT nicht die generelle, theologische Bedeutung zukommt, wie BUBER annimmt«[5].

Weitere Anregung erfuhr die Diskussion durch die in Ugarit gefundenen Texte, in denen die Kanaanäer, Israels engste Nachbarn, zum ersten Male selbst ausführlicher von ihrer eigenen Religion in großen Mythen erzählen. In der Fülle der Monographien, die sich um das Verständnis dieser neu entdeckten »Literatur« mühen[6], finden sich auch manche Andeutungen oder Ausführungen über das göttliche Königtum[7].

A. ALT ging in seinen »Gedanken über das Königtum Jahwes« davon aus, »daß die Vorstellung vom Königtum Jahwes kein konstitutives Element im ursprünglichen Bestand der israelitischen Religion gewesen zu sein scheint«, und machte wahrscheinlich, daß sie vielmehr zwischen der Landnahme- und der Staatenbildungszeit aus den polytheistischen Nachbarreligionen übernommen wurde[8].

H. SCHMID zeigte in einer Untersuchung »Jahwe und die Kulttraditionen von Jerusalem«, »daß nach der Eroberung Jerusalems im dortigen Kult ... eine Verschmelzung der vorisraelitischen Gottheit ᾿El ʿaeljon, die als Schöpfer und König auf dem Gottesberg Zion thronte, mit dem Gott Jahwe vollzogen wurde«[9]. Da sich H. SCHMID jedoch darauf beschränkt, die El-Tradition herauszuarbeiten, gewinnt er nur ein einseitiges Bild.

Die bis hierher vorliegenden Forschungsergebnisse faßte H. J. KRAUS innerhalb seines Psalmenkommentars in einem Exkurs »Die Kulttraditionen Jerusalems« zusammen, denen er im Anschluß an

---

[4] Königtum Gottes, [3]1956, S. 161[1] bzw. S. X (Werke II, 485ff.). — BUBER handelt vom Sinai- als einem »Königsbund« (S. 91ff.) und sieht »im Sinn des Haupts eines landsuchenden Stämmeverbands« die »ursprüngliche Bedeutung des westsemitischen Melekhgottes« (S. 71), versteht demnach den König Jahwe als den »die Gemeinschaft führenden Gott« (S. XXI), vgl. u. S. 67.80, Anm. 1.

[5] v. RAD, ThW I, 563—569, S. 568. — Eine Auseinandersetzung mit seinen Kritikern bietet BUBER in den Vorworten zur zweiten und dritten Auflage seines Werkes.

[6] Bei der Fragestellung dieser Untersuchung sind besonders zu erwähnen: KAPELRUD, Baal in the Ras Shamra Texts, 1952; POPE, El in the Ugaritic Texts, 1955; GRAY, The Legacy of Canaan, 1957, und seine Aufsätze: The Hebrew Conception of the Kingship of God (VT 1956, 268—285), The Kingship of God in the Prophets and Psalms (VT 1961, 1—29).

[7] Der Ausdruck »göttliches Königtum« meint hier die Königsherrschaft eines Gottes, hat also nichts mit dem gemeinsam, was unter »divine kingship« (irdisches Königtum) begriffen wird.

[8] KlSchr (1. Aufl., 1953) I, 345—357, dort S. 348. 353f., vgl. u. S. 80. 86.

[9] ZAW 1955, 168—197, dort S. 197.

H. SCHMID auch das göttliche Königtum einreiht: »Die Bezeichnung Jahwes als מֶלֶךְ gehört hinein in den Komplex der Theologumena über den ‚höchsten Gott'«[10].

Schließlich griff H. WILDBERGER erneut O. EISSFELDTS Unterscheidung auf zwischen relativ-sozialen Aussagen über Jahwes Königtum, die Jahwe als Herrn und Helfer Israels bekennen, und absolut-hymnischen Benennungen, in denen Jahwe als ein in Erhabenheit thronender Gott erscheint. Indem WILDBERGER »zwei ursprünglich völlig getrennte Traditionskomplexe« auseinanderhält, kommt er zu dem Ergebnis, »daß die Vorstellung vom Königtum Jahwes altisraelitisch ist und schon in der vorköniglichen Zeit in Israel beheimatet war«; sie ist »nicht von Kanaan her in Israel eingedrungen«. Jahwes Königtum über das erwählte Volk geht in nomadische Zeit zurück, während Jahwes Weltkönigtum nach den Untersuchungen von H. SCHMID Jerusalemer Kulttraditionen entstammt[11]. Läßt sich aber diese doppelte Ableitung des Gottkönigtums halten?

Obwohl es demnach an Beiträgen zu dem Thema nicht mangelt, lohnt es sich doch, erneut und nun eindringlich von dem Gottkönigtum in Kanaan her, wie es jetzt durch die Ras Schamra-Texte erschlossen ist, der Entstehung der Königsprädikation Jahwes nachzugehen. Dabei tun sich bisher kaum beachtete Unterschiede auf. So sind dieser Arbeit zwei Ziele gesteckt: 1. das göttliche Königtum in der kanaanäischen Religion aus den Ras Schamra-Texten in seiner Mannigfaltigkeit zu erheben, 2. dessen Übernahme und die mit ihr verbundene Wandlung in Israel aufzuzeigen.

Diese Aufgabenstellung erfordert zugleich eine Antwort auf die durch die Forschungsgeschichte aufgeworfenen Fragen: Sprach Israel schon in seiner Frühzeit oder erst im Land von einem »Königtum« Gottes? War Jahwes Herrschaftsbereich ursprünglich auf Israel beschränkt und dehnte sich dann — durch Angleichung an kanaanäische Kultsprache — auf die Welt aus, oder erlangte der Königstitel umgekehrt durch Übertragung auf Jahwe seine Bindung an das Volk? Wurde der Volkskönig zu einem Völkerkönig, oder übernahm Israel die Vorstellung von einem Götterkönig und wandelte sie zu einer Aussage von Jahwe als König Israels um?

Eine Vorbemerkung ist noch nötig; denn die folgende Untersuchung könnte mit zwei kritischen Einwänden angefochten werden:

a) Da Ugarit eine internationale Hafenstadt ist, die Mittelmeer und Zweistromland, Kleinasien und Ägypten verbindet, ist in ihr ein Sprachen- und Bevölkerungsge-

[10] BK XV (1958), 197—205 (zu Ps 24), S. 200. Einen Überblick bietet auch der Artikel »Königtum Gottes im Alten Testament« von J. HEMPEL in RGG III, 1706—1709.

[11] Jahwes Eigentumsvolk, 1960, 83ff. 26ff. — Schon BUBER nahm die gleiche Entwicklung vom Götterkönig zum Weltherrn an (KG LVI = Werke II, 531f.), ähnlich auch WESTERMANN (u. S. 91, Anm. 1).

misch anzutreffen. Aber eine Liste des Tempelpersonals (Text 80) bietet gegen 40 Personennamen, die zum größten Teil oder gar alle semitisch sind. »Wir werden daraus schließen dürfen, daß die verschiedenen Bevölkerungselemente in Ugarit noch ihr eigenes Kultwesen hatten mit der angestammten Kultsprache und einem vorwiegend aus den eigenen Reihen gestellten Kultpersonal; und es scheint nach dem angezogenen Text fast so, als habe sich auf kultischem Gebiete die Sonderung der einzelnen Bevölkerungsteile voneinander noch stärker erhalten als auf anderen Gebieten, selbst auf dem des Staatswesens«[12]. In den Mythen überwiegt das ganz Kanaan Gemeinsame bei weitem; in ihnen haben wir nicht mit dem völkischen Synkretismus zu rechnen. Mag Ugarit auch eine Fülle von Eigentümlichkeiten zeigen, aus den Ras Schamra-Texten wird man mit Recht das kanaanäische Gottkönigtum erheben können.

b) Gibt es außer dem zu besprechenden phänomenologischen Zusammenhang überhaupt eine historische Beziehung zwischen den ugaritischen Texten und dem Alten Testament? Grundsätzlich ist zuzugestehen: Eine unmittelbare Beziehung zwischen dem fern abgelegenen und bereits um 1200 v. Chr. zerstörten Ugarit und Israel hat es kaum gegeben. Jedoch sind die vielfältigen Berührungen oder gar wortwörtlichen Übereinstimmungen von ugaritischen und alttestamentlichen Textstellen so zahlreich, daß man diesen Tatbestand wohl nur mit der Annahme erklären kann: In den ugaritischen Mythen zeigt sich weithin etwas typisch Kanaanäisches.

Westsemitische Inschriften führen zwar in größere zeitliche, aber nicht räumliche Nähe (Nordsyrien, Kleinasien); eine unmittelbare Beziehung Israels besteht auch zu ihren Fundorten kaum. Da außerdem die religionsgeschichtliche Ausbeute dieser Inschriften weitaus geringer ist, sind die Ras Schamra-Texte nach den gegenwärtigen Kenntnissen die beste Quelle für die kanaanäische Religion.

Die Ras Schamra-Texte werden nach der Zählung von Gordon (Ugaritic Manual) zitiert. Beigefügt sind regelmäßig die Seitenangaben von Drivers Textausgabe und englischer Übersetzung (CML)[13], meist auch die Seitenzahl von Aistleitners deutscher Übersetzung (TRS).

---

[12] Noth, ZDPV 1942, 59f.; vgl. de Langhe II, 338f.

[13] Dabei ist zu beachten, daß nicht nur die Benennung der Tafeln, sondern oft auch die Numerierung der Zeilen von Gordons Zählung abweicht. Eine weitere Übertragung ins Deutsche bringt A. Jirku, Kanaanäische Mythen, 1962. Eine Synopse der verwirrend vielfältigen Zitierungsweisen der Ras Schamra-Texte bietet de Langhe, I, 137—149; vgl. auch Aistleitner, UGU 186f; WUS 348ff.

Ausgrabungen nach dem zweiten Weltkrieg brachten neue Funde im Königspalast von Ugarit, unter ihnen auch drei Bruchstücke von mythologischen Texten. Sie sind von Ch. Virolleaud in »Le Palais royal d'Ugarit II« (Paris 1957) veröffentlicht und werden hier einige Male zitiert als PRU II, 1—3.

B. DIE KÖNIGSGÖTTER IM BAALMYTHOS

Bis vor einigen Jahrzehnten war nur das Wenige von der kanaanäischen Religion bekannt, was sich aus polemischen Aussagen des Alten Testaments, beiläufigen Angaben der Nachbarvölker und Nachrichten bei einigen griechischen Schriftstellern ergab. Darum konnte die Entdeckung der Ras Schamra-Texte die Vorstellung, die man sich früher über die kanaanäische Religion gemacht hatte, weithin berichtigen. So haben etwa Sonnen- und Mondgott eine überraschend geringe Bedeutung[1]; auch von heiligen Steinen, Bäumen und Quellen reden die Texte der Kanaanäer selbst nicht[2]. Um so auffälliger ist das Auftauchen einer großen in sich gegliederten Götterwelt, ähnlich dem griechischen Pantheon.

1. NAME UND WESEN ELS UND BAALS

In dieser Götterfamilie dominieren El und Baal. Auch die Anschauung, die man über sie dem Alten Testament entnommen hatte, war zu ändern. Die vielen Epitheta dieser Götter, wie Baal Berit (in Sichem: Jdc 8 33 9 4), Baal Hermon (Jdc 3 3), Baal Zebub (aus Ekron: II Reg 1 2ff.) einerseits und El Eljon (in Salem = Jerusalem: Gen 14 18-22; vgl. Ps 78 35), El ʿOlam (in Beerseba: Gen 21 33), El Bethel (Gen 31 13), El Ro'i (Gen 16 13) andererseits, außerdem das häufige Vorkommen von El und Baal im Plural, hatten dazu verleitet, in beiden nur unbedeutende »Lokalgottheiten« zu sehen[3]. Dagegen hat vor allem EISSFELDT El als Eigennamen eines bestimmten Gottes El erwiesen[4], was auch für Baal gilt. Demnach sind jene Bezeichnungen als die Namen lokaler Erscheinungsformen (Hypostasen) des einen großen Baal oder El zu verstehen. Baal und El wurden an verschiedenen Orten in verschiedener Ausprägung unter verschiedenen Epitheta verehrt.

Dennoch ist das Aufkommen eines Götterkönigs im ugaritischen Pantheon anders als in Mesopotamien kaum durch die erstarkende politische Vormacht eines Stadtstaates begründet, der seinen Stadtgott an die Spitze der Götterwelt gestellt hätte. So deutet etwa H. J. KRAUS den göttlichen von dem politischen Vorrang her: »Es wird hier die *analogia relationis* der monarchischen Theologie zu beachten sein. Gewann ein

---

[1] ALBRIGHT, RI 97.

[2] BAUMGARTNER, ThZ 1947, 87.

[3] ALT, KlSchr I, 8; ähnlich BAUDISSIN, Kyrios III, 299ff. u. a.

[4] EISSFELDT, EUP; RGG I, 413f.; vgl. schon BAUER, ZAW 1933, 82. BAUDISSIN (Kyrios III, 6—18) meinte: El »war nicht zum Eigennamen geworden, sondern wurde nur an Stelle eines Eigennamens angewandt« (S. 15).

Stadtkönig über größeres Gebiet die Vorherrschaft, so triumphierte er über die Fürsten dieses eroberten Bereichs. Ihm fiel eine Spitzenstellung zu. Diese politischen Verhältnisse spiegeln sich aber sogleich auch in der Götterwelt. Die vielen Ortsnumina wurden durch den Gott des siegreichen Stadtkönigs depotenziert«[5]. Einmal waren aber Baals Gegner, mit denen er sich auseinandersetzen mußte: der Meeresgott Jam, der Todesgott Mot oder auch der Venusstern Astar, sicher keine Lokalgottheiten, die von Baal als einem anderen Lokalgott entmachtet wurden. In dem Baalmythos herrschen keine politischen, sondern eher kosmische Gegensätze. Zum andern erzählen die Mythen nicht vom Stadtgott von Ugarit (wie etwa *Enuma eliš* von Marduk, dem Stadtgott Babylons), sondern allgemein von Baal und El. Das ist um so erstaunlicher, als in späterer Zeit z. B. Baal »in der Regel in Verbindung mit dem Namen des Kultortes gebraucht wird zur Bezeichnung seines Besitzers«[6]. Auch deshalb ist anzunehmen, daß in Kanaan die Stadtgötter als Erscheinungen des einen, allgemeinen Gottes galten.

Der kurzen Behandlung der Mythen, die sich um diese beiden Götter ranken, soll ein vorläufiger Überblick über ihr Wesen und ihre Eigenschaften vorausgehen.

»El« (ugaritisch: *ílu* oder *élu*), das in allen semitischen Sprachen als Gattungsname für »Gott« begegnet, benennt in den Ras Schamra-Texten, zumal den mythologischen, einen Gott von besonderem Rang[7]. Seine Prädikate tun seine Stellung kund. Als König steht er an der Spitze des Götterkreises; dem Vater der Götter und Schöpfer der Geschöpfe spricht man die Schöpfung der Götter und Menschen zu[8]. Sein häufiger Name *ṯr íl* »Stier El« wird weniger seine Zeugungskraft veranschaulichen als Kennzeichen seiner Kraft und Herrschaft sein[9],

---

[5] Gottesdienst in Israel, ² 1962, 238; vgl. BK XV, 198f. zu Ps 24.

[6] Baudissin, Adonis und Esmun 68; vgl. die Aufstellungen bei Lidzbarski, HNE I, 239; Alt, RLV I, Art.: Baal. — Zu dem Nebeneinander von Baal und El s. u. S. 63ff.

[7] Vgl. Lit. Anm. 4 und Pope, EUT; Gray, LC 115ff.; Schmid, ZAW 1955, 178ff.; Röllig, Friedrich-Festschrift 403—416.

[8] Vgl. unten S. 23ff. bzw. 58ff.

[9] Vgl. S. 23, Anm. 6 und etwa noch 51, II, 10; III, 31 (CML 92f.); 129, 16f. 21 (CML 76f.) u. a. Text 52, der von Els Zeugung der Götter Schachar und Schalim erzählt, enthält den Titel gerade nicht. Diese Deutung wird gestützt durch Euseb, praep. evgl. I, 10. 31 (Clemen, phön. Rel. 29): »Astarte aber setzte auf ihren Kopf als Zeichen der Königsherrschaft den Kopf eines Stieres«. Hier ist der Stierkopf (bei einer weiblichen Gottheit!) deutlich Herrschaftssymbol. Trotz seinem Beinamen »Stier El« hat der Gott El insgesamt gerade keine Stiernatur. Die Skulpturen zeigen auch Baal in Menschengestalt, aber die Aussagen der Texte sind merkwürdig mehrdeutig und unausgeglichen: Er selbst heißt nicht »Stier« (*rúm* oder *ʿgl*, doch einmal *árḫ* in 76, II, 28), wie auch sein Auftreten weithin dem einer menschlichen Person gleichkommt. Doch kann Baal mit einem Stier verglichen werden: 49, II, 6—9. 28—30; VI, 17—19 (u. S. 20f., Anm. 65. 77), aber solche Vergleiche weisen Baal nicht als Stier aus (s. 128 = III K, I, 5—7; 67, I, 12ff.). Dagegen ist Baal in den »Liebesszenen« wohl einem Stier gleichgesetzt: In 76 = IV AB, II begegnet er auf einer Wiese, die »voller Rinder« ist, der Göttin Anat, die ihn als Stier (Zl. 28: *árḫ*)

zumal er sonst nicht als Fruchtbarkeitsgott erscheint. Er gilt als der ewig Weise[10]. Zugleich trägt er die Titel *qdš* »der Heilige« und *lṭpn íl dpíd* »der Freundliche, El, der mit Gemüt«[11]. Sein grauer Bart ist ein Merkmal seines Alters[12]. — Begibt sich ein Gott zu El, so lautet die ständig wiederkehrende, in ihrer Deutung umstrittene Angabe:

ʿm. íl. mbk. nhrm zu El an der Quelle der (beiden) Ströme,
qrb. ápq. thmtm inmitten der Flußbetten der (beiden) Abgründe[13].

Am wahrscheinlichsten verweist diese Formel auf das Ende der Welt, wo die Wasser der Ober- und Unterwelt zusammenstoßen[14].

---

erblickt; darauf wird Baal von Anat ein Jungstier geboren. Schließlich verkehrt Baal nach 67, V, 18—22 (u. S. 15, Anm. 34) mit einer Kuh, die ihm einen Knaben (*mṭ*) schenkt. — Auffällig ist, daß selbst bei den Darstellungen Baals nicht das Geschlecht, sondern die Hörner gezeigt werden (u. S. 47, Anm. 15). Vgl. I Reg 22 11. Auch sonst ist das Horn Zeichen der Kraft, z. B. I Sam 2 1. 10 Ps 132 17. Konnte Jahwe vielleicht deshalb als Stier dargestellt werden (Ex 32 I Reg 12 28), weil der Stier Inkorporation von Kraft und Macht war? Die Polemik mochte sich erheben, weil das Symbol zu leicht mißdeutbar war, da es zugleich die Fruchtbarkeit umfassen konnte. — Auch in Ägypten bringt der Stier Fruchtbarkeit und ist besonderer Träger von Macht (Kees, Götterglaube, Reg.: Stier, Wildstier) und zugleich (wie der Löwe) bevorzugtes Symbol des Königtums, das die göttliche Königsmacht über alle Feinde verkörpert.

10 *ʿnt* V, 38f. = CML 90a, Zl. 30f. (TRS 31); vgl. 51, IV, 41f. = CML 96a (TRS 40).
tḥmk. íl. ḥkm »Dein Wort, El, ist weise,
ḥkmk. ʿm. ʿlm deine Weisheit dauert in Ewigkeit!«

11 51, IV, 58 (CML 96b; TRS 41) u. ö; vgl. u. S. 28f.

12 51, V, 66 (CML 96b, Zl. 4; TRS 41); *ʿnt* V. 10 (CML 88b, Zl. 2; TRS 30) u. a.

13 49, I, 5f. (CML 108b; TRS 18); 51, IV, 21f. (CML 96a; TRS 40) u. a. Die Entfernungsangabe von »tausend Ebenen, zehntausend Fluren«, die Albright (RI 87) außerdem noch für den Wohnsitz Els nennt, um seine »Weltenferne« anzuzeigen, erscheint allgemein für den räumlichen Abstand zweier Götter, vgl. Pope, EUT 73. 61.

14 Vgl. Gray, LC 80[2]. Anders verbindet Pope (EUT 73—81) die Angabe mit Afqa (in der Nähe von Beirut), das in der späteren Antike durch den Adoniskult berühmt war. Er schließt: »The expressions *mbk nhrm* and *ápq thmtm* make it clear that El resides in aqueous and subterranean environs« (EUT 61; vgl. u. S. 56, Anm. 7). Ihm folgt Kaiser (Meer 48ff.), indem er El als einen Grundwassergott deutet, so daß die kanaanäischen Hauptgötter nur Wassergötter wären, da Baal mit dem Regen und Jam mit dem Meer zu verbinden sind. Die einzig stichhaltige Begründung dafür könnte die umstrittene Angabe des Wohnsitzes sein. Aber dieses Verhältnis paßt wenig zu Els Wesen. Doch deutet Kaiser die Eigenschaften Els auf seinen Charakter als Grundwassergott, z. B.: »Wenn El als alt beschrieben wird, so hat der ‚Dichter' dabei wohl den zurückgezogenen Charakter des Grundwasserspiegels im Auge« (S. 51). Aber El wird in den Ras Schamra-Texten sonst nie mit der Unterwelt oder einer Region unter der Erde zusammengebracht, wie es mit Mot geschieht, vgl. 51, VII, 1—9 (CML 102a; TRS 46); 67, V, 11—16 (CML 106b; TRS 16). Die dort genannten Berge liegen nicht in der Unterwelt, sondern geben den Ort auf der Erde an, wo der Abstieg in die Tiefe erfolgt.

Dann ist Els Wohnsitz, anders als der Baals, in mythische Ferne entrückt[15]. Fraglich ist, ob sich an dieser Stelle ein Berg erhebt. Der Wohnort wird zweimal *ḫršn* genannt[16]. Auch heißt der Versammlungsort der Götter unter der Führung Els einmal *ǵr ll*, was wohl in *ǵr íl* »Berg Els« zu ändern ist[17]. Als der weltenferne Schöpfer entspricht El religionsphänomenologisch weithin dem *Deus otiosus*; vielleicht tritt er darum auch im Kult zurück.

Die Hauptstellung im kanaanäischen Kult, mithin die wirkliche Macht, scheint nicht El, sondern Baal (ugaritisch: *ba'lu*) innegehabt zu haben. Auch das Wort »Baal« ist sowohl Gattungsname mit der Bedeutung »Herr, Besitzer, Eheherr« als auch vor allem Eigenname eines bestimmten Gottes. Vielleicht begegnet in Baal eigentlich Hadad[18], der in Mesopotamien und Syrien als Sturm-, Regen- und Fruchtbarkeitsgott verehrt wurde. Wie dieser gebietet Baal über Wind, Wolken, Donner und Regen, wie etwa sein häufiger Beiname *rkb ʿrpt* »Wolkenfahrer« kundtut[19]. Seine Macht enthüllt sich in seinem häufigsten Attribut *álijn* »der Starke, Übermächtige, Herrscher«[20]. In die gleiche Richtung weist sein Titel *zbl bʿl* »Fürst

[15] Eissfeldt, EUP 30⁴. »Sind die für Els Wohnsitz gebrauchten Ausdrücke, wie es wahrscheinlich ist, von einem fernen und ganz hohen Berge zu verstehen, so werden wohl Zusammenhänge mit der bei Sumerern, Babyloniern und Assyrern bezeugten Vorstellung von dem Weltberg als Göttersitz anzunehmen sein« (FuF 1944, 25ff.; vgl. KlSchr II, 502ff.).

[16] Nur an fragmentarischen Stellen: *ʿnt pl* IX, II, 23; III, 22 (CML 74). Eissfeldt (s. vor. Anm.) und Pope (EUT 69—71) übersetzen »Weltenberg«. Allerdings bemerkt v. Soden (ZA 1955, 140f., 158), daß assyrisch *ḫursan* (babyl.: *ḫuršan*) »nicht der ‚Weltenberg, worin die Unterwelt sich befindet', sondern die ‚Ordalstätte'«, die Stätte des Flußordals, bedeute. Daneben gibt es ein sumerisches Lehnwort *ḫurš/sanu* »Berg, Gebirge«; vgl. AHW s. v.

[17] Dieser Name erscheint nur in 137, 20 (CML 78, Zl. 18; TRS 49) und ist in 137, 14 (CML 78, Zl. 12) zu ergänzen; vgl. Gaster, Thespis 137f. 447 (mit der Konjektur); Eissfeldt, EUP 33³; Pope, EUT 68f. Die Übersetzung »Berg Lala« gibt keinen Sinn. Kaiser (Meer 53f.) nimmt an, daß der Versammlungsort der Götter nicht mit Els Wohnsitz identisch ist.

[18] Die Ras Schamra-Texte setzen beide Götter gleich: 76, II, 4f. 32f.; III, 8f. (CML 116; TRS 53f.) u. ö. Kapelrud (BRST 51f. 37) nimmt an, daß Baal sekundär mit Hadad identifiziert wurde.

[19] 51, III, 11. 18 (CML 94a; TRS 38f.) u. ö., vgl. u. S. 84f. 89.

[20] Z. B. 51, III, 10. 23. 37 (CML 94; TRS 38f.). »Alijan« ist abzuleiten von *l'j* »stark, mächtig sein, vermögen, die Übermacht haben«. Das Substantiv ist gebildet mit vorgeschlagenem ' und *n*-Endung, vgl. vor allem Birkeland, NTS 1938, 143ff.; auch Kapelrud, BRST 47—50 u. a. Dagegen ist עליון (dazu S. 31, Anm. 7) »der Obere, der Höchste« von עלה abzuleiten; beide Wörter hängen nicht zusammen.
ʿlj erscheint in 126, 6. 8 (u. S. 61, Anm. 12) als Titel Baals. Nyberg (Studien zum Hoseabuche 58—60 u. ö.; ARW 35, 1938, 328—387) findet auch im Alten Testament einen Gott עַל: Hos 7 16 10 5. 10 11 7 Jes 59 18 63 7 I Sam 2 10; auch Gen 27 39

Baal« oder in der erweiterten Form *zbl b'l árṣ* »Fürst, Herr der Erde«[21]. Obwohl El der Vater der Götter ist, die anderen Götter als Söhne Els und Ascheras Brüder Baals sind, ja El wohl selbst als Vater Baals bezeichnet wird[22], heißt Baal doch *bn.dgn* »Sohn Dagans«[23]. Dieser »Korn(?)gott« galt im Vorderen Orient des zweiten Jahrtausends als Spender der Fruchtbarkeit (vgl. Jdc 16 23 I Sam 5 2 ff.).

Die bedeutendsten mythologischen Texte aus Ugarit vereinen sich zu einem umfangreichen Zyklus, der das Schicksal des Gottes Baal erzählt. Hauptinhalt dieses Mythos ist die Auseinandersetzung um das göttliche Königtum. Tod und Auferstehung Baals sowie die Errichtung eines Palastes oder Tempels für diesen Gott spielen eine wichtige Rolle. Häufig wird der Tempelbau als »Zentralthema« oder »Leitmotiv« herausgehoben[24], doch ist er tatsächlich nur Bedingung für eine ständig gesicherte Ausübung der Königsherrschaft über die Götter[25] und damit Nebenglied im Gang der Handlung. Wesen und Mitte des Baalmythos haben wir vielmehr in dem Kampf der Götter untereinander um diese Königsherrschaft zu sehen. Ihr Ringen um die Vormacht entscheidet zugleich über den Menschen, dem es Tod oder Leben bedeutet, ob er unter dem Herrschaftsbereich Jams, Mots oder Baals steht[26]. Der Sieg Baals bringt das Leben — nur in diesem Sinne schließt die Königsherrschaft zugleich die Erhaltung der Welt ein; denn die Auseinandersetzung mit Jam oder Mot ist kein Chaoskampf, der zur Schöpfung der Welt führt.

---

49 25. על ist »ein altes Synonym von עליון, das sich später allein behauptet hat« (S. 58). Vgl. noch Gordon, UM 304f., Nr. 1402; Pope, EUT 58; Driver, ExpT 1938, 92f. Eljon als Beiname Els findet sich in den Ras Schamra-Texten nicht. Die von Schmid (ZAW 1955, 180[75]) vorgeschlagene Konjektur in 52, 3 ist eher mit Driver (CML 120a) in den Plural zu setzen.

21 *zbl b'l*: 68, 8 (CML 80; TRS 51); 133, 10; 137, 38. 43 (CML 80; TRS 50). *zbl b'l árṣ*: 49, I, 14; III, 3. 9. 21; IV, 29. 40 (CML 110/2 mit z. T. anderer Zählung; TRS 19—21); 67, VI, 10 (CML 106b); *'nt* I, 3 (CML 82a), dazu Kapelrud, BRST 60f. Ist die Langform ursprünglich? *zbl* = erheben, sbst.: der Erhabene, Hoheit, Fürst. Der Titel *zbl* kommt (in Text 68; 129) auch Jam zu, vgl. S. 36, Anm. 2. Aus ihm ist in I Reg 2 1ff. der Name des Gottes von Ekron Baal-sebub »Herr der Fliegen« statt Baal-sebul wohl bewußt entstellt.

22 51, V, 90 (CML 98a, Zl. 28; TRS 42) bzw. S. 23, Anm. 6.

23 49, I, 24 (CML 110a) u. a., vgl. Kapelrud, BRST 52ff. Ist dies ein Zeichen dafür, daß Baal später in das Pantheon eindrang? Vgl. u. S. 65, Anm. 10.

24 Obermann, UMy 1: »perhaps we should say the central theme«. Eher ist dem vorsichtigeren Urteil »one of the leading motifs« zuzustimmen (Kapelrud, BRST 87,18; vgl. Løkkegaard, AcOr 1955, 10: »one of the principal themes of the cult drama«). — Wie Obermann (UMy 5) so nennt Willesen (VT 1952, 293) die Klage um den fehlenden Tempel ein »Leitmotiv« des Baalmythos.

25 Siehe S. 68 ff.

26 Vgl. S. 61 f. Anm. 14f.; auch S. 66, Anm. 1.

2. DER BAALMYTHOS

Um die ugaritischen Aussagen über das göttliche Königtum an ihrem ursprünglichen Ort erscheinen zu lassen, wird der Baalmythos zunächst seinem wesentlichen Inhalt nach knapp wiedergegeben. Nur wenige charakteristische Sätze und Formeln treten im Wortlaut hervor. Da ich mich möglichst an die mit einiger Sicherheit verständlichen Abschnitte halte, hoffe ich den Ungenauigkeitsgrad in Übersetzung und Interpretation, soweit es geht, herabzusetzen. — Der Baalmythos findet sich auf verschiedene Tafeln verstreut, die vor allem durch die Hauptperson, eben den Gott Baal, ihre Zusammengehörigkeit erweisen und sich zu einem Zyklus mit einem folgerechten Ablauf aneinanderfügen lassen. Bei solch sinngemäßer Ordnung der erhaltenen Tafeln bilden sich drei Hauptabschnitte heraus, wobei der Mythos mit einer Auseinandersetzung Baals mit dem Meeresgott Jam anhebt[1].

a) Der Kampf: Baal—Jam

In diesem ersten Komplex erringt Baal im Kampf mit dem Meeresgott Jam, der die Vorherrschaft in der Götterwelt beansprucht, das Königtum.

Jam erhebt sich gegen die Götter und läßt sich, wohl um die von ihm erstrebte Königsherrschaft ausüben zu können, einen Palast bauen[2]. Anscheinend findet er die Unterstützung Els, der ihn mit einer Inthronisationsformel zum König macht:

ṯpṭ nhr mlkt »Richter Strom, du sollst König sein!«[3]

[1] Den Text *'nt pl* IX und X (VI AB) lasse ich in der Darstellung außer acht, da er so fragmentarisch ist, daß ihm nur mit tiefgreifenden Rekonstruktionen ein unsicherer Sinn abgerungen werden kann (CML 72—76, vgl. TRS 32—35), und beginne mit Text 129 (III AB C). Dann ordne ich die Tafeln nach der üblichen Reihenfolge: 129, 137, 68 (III AB C, B, A), *'nt* (VAB), 51 (II AB), 67 (I*AB), 62 (I AB), 49 (III AB), 76 (IV AB). Zwar bleiben noch einige Unsicherheiten, doch scheint mir diese Folge den besten Zusammenhang zu liefern (vgl. noch S. 73 f.). Andere Anordnungen (z. B. von Aistleitner, TRS 11ff.) bleiben weniger überzeugend. Wahrscheinlich setzt der Zyklus mit III AB ein, da Baal im Kampf mit Jam sein Königtum gewinnt (vgl. u. S. 30), das dann die Grundlage für die weiteren Ereignisse bildet. Doch hängt der Vergleich alttestamentlicher und ugaritischer Aussagen nicht von der Reihenfolge der Texte ab.

[2] 129, 7—10 (CML 76; TRS 47), vgl. auch das Fragment VI AB, III u. IV (CML 74—76; TRS 33f.). 129, 8b—9 läßt sich als Befehl Els an den Baumeister Košer-waChassis verstehen:

bn.bht zbl jm »Baue ein Haus für Fürst Jam,
(r)m.hk(l.ṯpṭ) nhr errichte einen Palast (oder: Tempel) für Richter Strom!«

Dann könnte v. 10 die Ausführung von vv. 8f. berichten. Wahrscheinlicher ist mit Driver eine Rekonstruktion, nach der Astar (?) El verkündet, was auf Betreiben Jams geschieht:

(t)bn.bht zbl jm »Sie bauen ein Haus für Fürst Jam,
(tr)m.hk(l.ṯpṭ) nhr sie errichten einen Palast für Richter Strom!«

בית kann im Akkadischen, Westsemitischen und Hebräischen »Tempel« wie »Palast« bedeuten.

[3] 129, 22 (CML 78; anders TRS 48), vgl. Kapelrud, BRST 91: »This is a solemn declaration where Judge River = Prince Sea is announced as the new king«. Doch

Als Baal sich der Oberhoheit Jams widersetzt, entsendet der Meeresfürst Boten an El, der sich gerade inmitten der Götterversammlung befindet, um die Auslieferung Baals zu fordern[4]. Jam läßt sich dabei im Vertrauen auf seinen bereits erworbenen Rang gegenüber den Göttern als *b'lkm ádnkm* »euer Herr, euer Gebieter« bezeichnen. Beim Erscheinen der Gesandtschaft Jams »senken die Götter ihre Häupter auf ihre Knie«[5], d. h. sie fügen sich sogleich. Doch Baal schilt die Götter wegen ihrer Zaghaftigkeit und flößt ihnen wieder Mut ein. »Darauf erhoben die Götter ihre Häupter von ihren Knien.« Aber El willfahrt der Forderung der Boten Jams: »Dein Sklave ist Baal, Jam, dein Sklave ist Baal, (Richter Stro)m, der Sohn Dagans ist dein Gefangener!«[6]. In dieser gefährlichen Lage findet er die Unterstützung des Handwerker-Gottes Košer-waChassis »Geschickt und Gescheit«[7], der Baal den Sieg über seine Feinde verspricht und ihm verheißt:

tqḥ.mlk.'lmk »Du sollst erhalten dein ewiges Königtum,
drkt dt drdrk deine Herrschaft für Geschlecht um Geschlecht!«[8]

Zugleich übergibt Košer-waChassis Baal zwei Keulen mit magischer Kraft, die, »Treiber« und »Vertreiber« genannt, Jam von seinem Thron treiben sollen[9]. Sie wirbeln umher und schlagen Jam. So »macht er (Baal) Richter Strom ein Ende«[10]. Leider ist gerade das Ende der Tafel 68 zu einem Teil schwer verständlich, zum anderen Teil stark beschädigt. Wahrscheinlich fordert Astarte Baal auf, Jam nun gänzlich den Garaus zu machen, da er jetzt ihrer Gewalt preisgegeben

ist auch diese Lesung ungewiß, da das Ende von Text 129 wegen zu großer Lücken verschieden gedeutet werden kann.

4 137 = III AB B (CML 78—81; TRS 48—50), bes. Zl. 17. 33f.

5 137, 23. Vgl. *Enuma eliš* II, 86ff; dazu S. Sauneron, Kêmi 10 (1949), 75—80; A. Jirku, »Das Haupt auf die Knie legen.« Eine ägyptisch-ugaritisch-israelitische Parallele, ZDMG 103 (NF 28), 1953, 372.

6 137, 29 bzw. 36f.

7 Dieser Gott ist eine »interpretatio ugaritica des Ptah« (Eissfeldt, ZDMG 98, 1944, 84ff. = KlSchr II, 514ff.); vgl. auch Albright, RI 96f.; Kapelrud, BRST 82ff.

8 68, 10 (CML 80), vgl. u. S. 53f. Segert vokalisiert nach Albright (F. Horst, ThR 21, 1953, 107): *tiqqaḥu múlka 'ōlámika dárkata dáta dardárika,* akzentuiert also gleich einem Hexameter und fragt: »Kann in solchen Versen ein Vorbild für den heroischen Hexameter gesucht werden?« (Das Altertum 1958, 79). — Dieser Satz muß Albright (RI 89; vgl. Fohrer, ThLZ 1953, 197) wohl auch zu der Äußerung geführt haben, daß Baals Königreich ewig sei, da sich in den Texten sonst nichts Entsprechendes findet. Hier wird aber eine Verheißung, eine Zusage für die Zukunft und nicht die Gegenwart, ausgesprochen. *drkt* = Herrschaft, vgl. דָּרַךְ = treten, vielleicht Hos 10 13 Prov 8 22; dazu H. Zirkner, BZ NF 3, 1959, 291—294.

9 68, 12f. 19f. (CML 80f.; vgl. TRS 51).

10 68, 27: *jklj.ṯpṭ.nhr.*

ist[11]. Kurz bevor der Text vollkommen unleserlich wird, findet sich eine Aussage, die einem Ausruf gleicht:

jm.lmt	»Jam ist wahrlich tot,
bʿlm jmlk	Baal ist König!«[12]

b) Der Tempelbau

Die Fortführung stellt wohl der *ʿnt*-Text (V AB) dar, der mit einem gewaltigen Mahl Baals beginnt. Feiert der Gott seinen Sieg über Jam und das errungene Königtum[13]? In dem zweiten Komplex erteilt der Göttervater El die Erlaubnis zum Bau eines Palastes oder Tempels für Baal, der so seinem Königtum Anerkennung zu verschaffen vermag; denn nach altorientalischer Auffassung gehört zum Götterkönig notwendig ein Palast (u. S. 68ff.).

Schließlich[14] wird berichtet, daß sich seine Gemahlin Anat auf den weiten Weg zu El macht, um dessen Erlaubnis zum Bau eines Palastes für Baal zu erwirken[15]. Obwohl der Bauauftrag bereits gegeben ist[16], wenden sich auf der folgenden Tafel (51 = II AB) Baal und Anat an Els Gattin Aschera, sie möge sich bei El für den Tempelbau ein-

---

[11] 68, 28—31:

bšm.tgʿrm.ʿṯtrt	Begeistert (?) schreit Astarte:
bṯ lálijn.b(ʿl	»Zerstreue ihn, Alijan Baal,
bṯ.lrkb.ʿrpt	zerstreue ihn, Wolkenfahrer;
kšbjn.zb(l.jm	denn unser Gefangener ist Fürst Jam,
k ?)šbjn.ṯpṭ.nhr	denn (?) unser Gefangener ist Richter Strom!«
wjṣá b(	Und er (es = das Wort?) geht heraus ...
jbṯ.nn.álijn.bʿl	Alijan Baal zerstreut ihn.

Die Übersetzung schließt sich an Obermann (UMy 15f.[23]) und Gray (LC 26; vgl. VT 1956, 272f.; ähnlich Kaiser, Meer 70f., und TRS 52) an. Die Verben sind vom Arabischen her bestimmt: *gʿr* = schreien (GBu und KBL s. v.), *bšš* = sich freuen, *bṯṯ* = zerstreuen. Möglich ist auch für *kšbjn* »denn wir haben gefangen«. Die Übersetzung von Driver (CML 82), Gordon (UL 16), Ginsberg (ANET 131) ist inhaltlich schwerer zu verstehen.

[12] 68, 32, vgl. S. 72, Anm. 12.

[13] Nach III AB (129; 137; 68) ist der Anschluß an das Folgende (*ʿnt* I = CML 82.; vgl. TRS 24ff.) besonders schwierig, s. a. S. 73f. Es kommt hinzu, daß *ʿnt* = V AB und 51 = II AB in vielem, oft sogar wörtlich, übereinstimmen, so daß Obermann (UMy 12. 14. 72f. 84f.) u. a. sogar schließen, V AB und II AB seien verschiedene Berichte desselben Ereignisses, nicht aufeinanderfolgende Stücke einer Erzählung.

[14] Die folgende Spalte der Tafel (*ʿnt* II) berichtet von einem blutigen Gemetzel Anats (unter den Feinden Baals?). Dann wird Anat ein Wunsch Baals (nach Beendigung des Krieges auf Erden?) überbracht. Hier bleibt für das Verständnis im einzelnen und im Gesamtzusammenhang noch manches offen.

[15] *ʿnt* V (CML 88—90; TRS 30f.).

[16] Zwar bricht die Tafel *ʿnt* hier ab, doch läßt die Botschaft an Košer-waChassis *ʿnt* VI (CML 90b; TRS 31f.) darauf schließen, daß der Bauauftrag erteilt ist.

setzen. Daraufhin reitet Aschera zu El (51, IV). Wie schon zuvor Anat, so ruft auch Aschera vor El aus:

mlkn. ảlỉjn. bʿl »Unser König ist Alijan Baal,
ṯpṭn. (w)ỉn. dʿlnh unser Richter! (Und) Niemand gibt es über ihm!«[17]

So erkennen El und Aschera Baal als König und Richter an, über den hinaus es keine »Autorität« gibt. Doch fehlt noch eine Voraussetzung für die endgültige Aufrichtung von Baals Königtum. Während alle Götter bereits ein Haus besitzen, hat Baal noch keinen eigenen Palast.

ỉn. bt. lbʿl. km. ỉlm »Es ist kein Haus da für Baal wie (für) die (anderen) Götter,
wḥẓr. kbn. ảṯrt noch ein Hof wie (für) die Söhne Ascheras«[18].

El weigert sich zwar, sich selbst an dem Werk zu beteiligen, gestattet aber den Bau des Palastes[19], so daß Aschera seine Weisheit rühmt. Anat überbringt die Erlaubnis. In großer Freude beauftragt Baal Košer-waChassis, eilig einen Palast für ihn zu errichten[20]. Von Libanon und Sirjon werden Zedern gebracht[21], dazu Gold und Silber auf Ascheras Rat[22]. Nach einem langen Streit zwischen Baal und dem Architekten erhält der Palast gegen Baals anfängliches Widerstreben doch ein Fenster[23]. Als das Haus fertiggestellt ist, wird das Tempel-

[17] *ʿnt* V, 40f. (CML 90a, Zl. 32; TRS 31); 51, IV, 43f. (CML 96a; TRS 40), vgl. u. S. 36ff. und KAPELRUD, BRST 63f. 133f. WIDENGREN (Hooke III, 196) sieht hier eine »proclamation formula«.

[18] 51, I, 10—13; IV, 50f. (CML 92a. 96a; TRS 37. 41). Ein weiterer Beleg dafür, daß Baal keinen Tempel besitzt, wird in dem neu gefundenen Fragment PRU II, 1, 2 zu sehen sein. Dort heißt es in einer Rede Baals:

ảlt. ỉn lj »Ich habe keinen Thron«.

ảlt wird der Bedeutung »Thron« nahekommen (eigentlich: »Stütze«?), vgl. parallel zu *ksủ* in den Stellen S. 36, Anm. 6.

[19] 51, IV, 58ff. (CML 96b; TRS 41):
»Bin ich denn ein Sklave, der der Aschera dient?
Bin ich denn ein Sklave, der die Maurerkelle handhabt?
Wenn die Sklavinnen der Aschera Ziegel streichen,
wird ein Haus gebaut für Baal wie (für) die Götter
und ein Hof wie (für) die Söhne Ascheras«.

[20] 51, V, 82ff. 97ff. (CML 96b, Zl. 20ff.; 98, Zl. 35ff.; TRS 41f.), vgl. *ʿnt* VI (CML 90b; TRS 31f.). — Von Baals Tempelbau handelt vielleicht auch der stark zerstörte Text PRU II, 2.

[21] 51, VI, 18ff. (CML 98b; TRS 43); vgl. II Sam 5 11 I Reg 5 20 u. a.

[22] 51, V, 74ff.; VI, 34ff. (CML 96b, Zl. 12ff.; 98b; TRS 41. 43f.).

[23] 51, V, 120ff.; VI, 14ff. (CML 98a, Zl. 58ff.; 100a; TRS 42f. 45). Der Sinn dieser architektonischen Neuerung ist unklar, vgl. aber 51, VI, 10f. (CML 98b). GASTER (Thespis 175f. 181) und KAPELRUD (BRST 95ff.; ähnlich DUSSAUD, DRS 127) wenden sich gegen eine Erklärung nach Jer 9 20f. (vgl. ALBRIGHT, RI 221[45]) und meinen, das Fenster verstärke die Fruchtbarkeit — analog den Himmelsfenstern (Gen 7 11 8 2), die den Regen spenden.

weihfest mit großen Opfern und einem gewaltigen Festgelage der Götter begangen[24]. Inzwischen nimmt Baal von vielen Städten Besitz[25]. »Ob König oder nicht König«[26], niemand soll in Baals Haus über die Erde herrschen als Baal allein.

»Ich allein (bin es), der König sein soll über die Götter,
damit Götter und Menschen fett werden,
ja, die Menge der Erde satt wird!«[27]

Um seinen Herrschaftsantritt überall kundzutun, entsendet Baal einen Boten an Mot[28], dem er den vollendeten Tempelbau mitteilt[29].

c) Der Kampf: Baal — Mot
Baals Tod und Auferstehung

Der dritte Komplex schildert Baals Sterben und Wiederauferstehen — ebenfalls als Kampf um die Herrschaft, jedoch mit dem Todesgott Mot. Während Baal in der Unterwelt weilt, wird auf der Erde durch den Götterkönig El und seine Gattin Aschera ein Ersatzkönig bestimmt.

Vielleicht als Antwort auf die Botschaft Baals[30] entgegnet Mot:
»Wenn du (auch) Leviathan erschlugst, die flüchtige Schlange,
der gewundenen Schlange ein Ende bereitetest,
dem Machthaber mit sieben Köpfen...
Wahrlich, du mußt (nun) hinabsteigen
in den Schlund des Sohnes Els, Mots,
in die Tiefen des Lieblings Els, des Starken.«

Falls Baal nicht an dem Gastmahl teilnimmt, das Mot mit seinen Brüdern in der Unterwelt hält, will Mot selbst ihn durchbohren[31]. Baal, der den Streit mit dem Meeresgott Jam siegreich bestanden hat, fügt sich kampflos der Drohung des Todesgottes Mot und dankt als Herrscher ab. Seine Zeit ist abgelaufen, die Zeit seines Gegners bricht an. Wie vorher El dem Gott Jam sagen ließ, so läßt jetzt Baal selbst Mot bestellen:

»Dein Sklave bin ich und dein für immer.«

---

[24] 51, VI, 40ff. (CML 100a; TRS 44) ähnlich bei der Feier Marduks *Enuma eliš* III, 133ff.; VI, 54 (AOT 116. 123), vgl. KAPELRUD, BRST 115—117.

[25] 51, VII, 5ff. (CML 100a).

[26] 51, VII, 43 (CML 100b; anders TRS 45).

[27] 51, VII, 49., vgl. S. 66, Anm. 1.

[28] Dieser »Todesgott« ist der »Gott der absterbenden Vegetation und des Totenreiches« (EISSFELDT, FuF 1944, 27, KAISER, Meer 74), vgl. noch KAPELRUD, BRST 100f. Mot wird die Dürre des heißen Sommers verkörpern (vgl. aber S. 73f.), während Baal den fruchtbringenden Regen und das Leben personifiziert.

[29] 51, VII, 45ff.; VIII (CML 100b; 102; TRS 45f.). Die Botschaft an Mot verbindet den Baal-Jam-Zyklus mit dem Baal-Mot-Zyklus.

[30] Trotz der Einwände von AISTLEITNER, TRS 11f. — Es folgt 67 = I* AB, I, 1—3. 6—8; dazu u. S. 44f.

[31] 67, I, 22—26.

Nach einer Textlücke wird Baal der Rat erteilt:

»Und du, nimm deine Wolken,
deinen Wind, deine Regenwolken (?),
deinen Regen mit dir!«[32]
»Und steige hinab in das Haus der Unterwelt(?) (in) der Erde,
zähle zu denen, die in die Erde hinabsteigen!«[33]

Vor seinem Abstieg in die Tiefe verkehrt Baal »sieben-, achtmal« mit einer Kuh (*ʿglt, prt*), die ihm einen Nachkommen schenkt[34]. Anscheinend sorgt Baal so für einen Nachfolger, falls er nicht aus der Unterwelt zurückkehrt; doch tritt der neue Sproß im weiteren Geschehen nicht auf.

In der nächsten Szene suchen Boten Baal vergeblich, bis sie ihn endlich tot finden und nun aus der Unterwelt die Nachricht bringen:

lbʿl.npl.lárṣ	»Wahrlich, Baal ist zur Erde gefallen,
mt.álíjn.bʿl	tot ist Alijan Baal,
ḫlq.zbl.bʿl.árṣ	gestorben ist der Fürst, Herr der Erde!«[35]

Als El die Klage hört, verläßt er seinen Thron, setzt sich auf die Erde, streut sich Staub auf den Kopf, zerreißt seine Kleider, schlägt sich, macht sich Einschnitte im Arm, verwundet sich, wie man Furchen in einem Garten zieht[36], und schreit auf:

»Baal ist tot!
Was soll werden mit dem Volk des Sohnes Dagans?
Was soll werden mit der Menge Baals?
Ich will in die Erde hinabsteigen!«[37]

Dann wendet sich die Erzählung zu Baals Schwester und Gattin Anat, die den Leichnam sucht und ihn unter Klagen auf dem Zaphon begräbt:

---

[32] 67, II, 12. 19f. (CML 104; TRS 15). Es besteht kaum Anlaß, die Aussage ironisch zu nehmen. Die Botschaft wird Mot überbracht, dann bricht der Text ab. Stark fragmentarisch ist 67, III—IV. Vielleicht versucht hier Baal, Mot doch noch zu überlisten.

[33] 67, V, 14—16.

[34] 67, V, 18ff. (CML 106b; TRS 16). Die Intensität deutet die alles Menschliche überragende, göttliche Handlung an, vgl. Gilgamesch I, IV, 21 (A. Schott—W. v. Soden, Das Gilgamesch-Epos, 1962, 24; vgl. AOT 154 Zl. 172), auch Text 52 = SS.

[35] 67, VI, 8—10 (CML 106b; TRS 17). Die beiden letzten Stichen werden wiederholt 49, I, 13f. (CML 110a; TRS 17), wo Anat denselben Ruf ausstößt (Anm. 58). Gray (LC 51 Anm. 4) vermutet »a cultic cry taken up at this point by the worshippers«. Jedenfalls liegt formelhaftes Gut vor, das in fester Prägung in verschiedenem Zusammenhang erscheint, vgl. S. 72.

[36] Vgl. 67, VI, 11—22 (CML 108a; TRS 17), vgl. Anm. 51.

[37] 67, VI, 23—25 (CML 108a; anders TRS 17), wiederholt 62, 6f. (CML 108a). Gemeint sind wohl die Verehrer Baals, also die Menschen, vgl. S. 61.

»Auch Anat geht und durchsucht (?)
jeden Fels bis zur Mitte der Erde,
jeden Hügel bis zur Mitte der Felder, . . .
(bis) sie kommt zu Baal, der zur Erde gefallen ist.«[38]

Auf der folgenden Tafel unterzieht sich Anat einem ähnlichen Trauerritus wie El, stößt den gleichen Schreckensruf aus »Baal ist tot!«[39] und fordert die Sonnengöttin Schapasch auf:

»Wir wollen hinabsteigen in die Erde!«
(Da) steigt mit ihr hinab Schapasch, die Leuchte der Götter[40].

Nachdem Anat »sich satt geweint und Tränen wie Wein getrunken hat«[41], bittet sie Schapasch:

»Lade mir, bitte, Alijan Baal auf!«
Da gehorcht Schapasch, die Leuchte der Götter,
hebt Alijan Baal auf die Schulter Anats.
Als sie (die Sonne) ihn (dort) hinlegt,
bringt sie (Anat) ihn hinauf auf die Höhen des Zaphon.
Sie beweint ihn und begräbt ihn,
sie legt (ihn) in das Grab der Götter der Erde[42].

Darauf bringt Anat dem Gott Baal ein großes Totenopfer dar[43].

Die wesentlichen Züge dieser Handlung — der Gott steigt in die Unterwelt hinab, unterbricht damit seine Herrschaft, Regen und Vegetation hören auf, die Götter weinen und trauern, die Göttin sucht nach dem toten Gott — sind aus dem weitverbreiteten Mythos von dem sterbenden und auferstehenden Gott, der sich im alten Orient in verschiedener Gestalt findet[44], wohlvertraut. Besonders ausgeprägt erscheint diese

---

[38] 67, VI, 25—28. 30—31 (CML 108a; TRS 17). Zl. 29f. ist schwer verständlich. *ṣd* bedeutet eigentlich »jagen, nachstellen«, hier am besten »suchen«.

[39] 62 = I AB, 1—6 (CML 108a; TRS 17f.).

[40] 62, 7—9 (CML 108a; TRS 18).

[41] 62, 9f.

[42] 62, 12—18 (CML 108b; TRS 18). Vgl. KBL s. v. *ʿms* und *ḫrt*.

[43] 62, 18ff.

[44] Vgl. J. G. Frazer, Adonis, Attis, Osiris (The Golden Bough), 3. Aufl. 1914, Nachdruck 1951 (2 Bde.); vor allem grundlegend W. W. Graf Baudissin, Adonis und Esmun. Eine Untersuchung zur Geschichte des Glaubens an Auferstehungsgötter und an Heilgötter, 1911; J. Leipoldt, Sterbende und auferstehende Götter, 1923; F. Nötscher, Altorientalischer und alttestamentlicher Auferstehungsglauben, 1926; A. T. Nikolainen, Der Auferstehungsglauben in der Bibel und ihrer Umwelt I. Religionsgeschichtlicher Teil, 1944, 10ff.; G. Bertram, RAC I, 919—930 (Art.: Auferstehung I des Kultgottes).

Im Alten Testament ist der Mythos vom sterbenden und auferstehenden Gott in der Übertragung auf Jahwe nicht nachzuweisen (trotz G. Widengren, Sakrales Königtum im Alten Testament und im Judentum 62ff.), wenn auch gewisse sprachliche Anspielungen vorliegen, so in Hos 6 2, bei den Motiven der Trauer (Hos 10 5), des Suchens und Findens (Hos 5 6), des Schlafens und Wachens Gottes (Ps 78 65; vgl. I Reg 18 27 u. a.), in der Eidformel »So wahr Jahwe lebt« oder in dem Prädikat »der lebendige Gott« (vgl. Ps 18 47 Hab 1 12 u. a.).

Abfolge im ägyptischen Osirismythos[45]. Wie Anat auf Baals Seite steht, so ist Isis der Beistand des Osiris. Wie Anat um Baal weint[46], so Isis um Osiris: »Die Götter und die Menschen . . . weinen über dich in einem einzigen Male. Solange ich dich sehe, rufe ich nach dir mit Weinen bis zur Höhe des Himmels«[47]. Plutarch erzählt: »Sobald sie (Isis) in die Einsamkeit gelangt und mit sich allein geworden war, öffnete sie den Sarg (des Osiris), legte ihr Angesicht an das der Leiche, küßte sie und weinte«[48]. Eine ähnliche Totenklage klingt kurz in Ez 8 14 an: Der Prophet sieht am Tempeltor »Frauen sitzen, die den Tammuz beweinen«[49].

Wie El und Anat um Baal trauern[50], so vollziehen sich die Klagen um Osiris. Als Osiris verschwunden war, trauerten alle Götter, Isis weinte und Nephthys schrie. Die Götter von Buto, wo Isis ja zu Hause war, »schlugen sich das Fleisch und schlugen sich die Arme und rauften ihre Haare«[51]. Nach Herodot bearbeiteten sich die Festteilnehmer mit Messern[52]. Lukian von Samosata berichtet von der Feier zu Ehren des Adonis in Byblos: »Zur Erinnerung an das Unglück (des Adonis, das ihm der Eber antat) schlagen sie sich jedes Jahr die Brust, klagen und begehen die Orgien, und im ganzen Lande finden bei ihnen große Trauerfeiern statt. Wenn sie sich aber genug geschlagen und genug geklagt haben, opfern sie zuerst dem Adonis als einem Toten; nachher aber, am anderen Tage, erzählen sie, daß er lebe, schicken ihn in die Luft und scheren sich den Kopf, wie die Ägypter nach dem Tode eines Apis«[53].

---

[45] Vgl. Plutarch, De Is., dazu Th. Hopfner, Plutarch über Isis und Osiris I. II (Monographien des Archiv Orientálni IX), 1940/1. Eine Übersetzung der wichtigen Kapitel 12—20 bietet auch Roeder, Urk. 15—20.

[46] *bk(j)* »weinen« in 62, 9. 16.

[47] Roeder II, 220; vgl. Erman, Rel. 73, auch 71: »Sie wuschen den Osiris, beweinten ihn«; Roeder, Urk. 250 aus dem Totenbuch 18, 17: Isis »beklagte ihren Bruder Osiris«; Kees, Lesebuch 29 Nr. 43 aus den Pyramidentexten: »Isis, beweine deinen Bruder; Nephthys, beweine deinen Bruder! Isis kniet da, ihre Hände am Haupt, und Nephthys faßt sich vorn an ihre Brüste, um ihres Bruders willen.«

[48] De Is. 17 (dazu Hopfner I, 6f. 59ff.).

[49] Vgl. W. Zimmerli, BK XIII, 219 z. St. mit Lit.; Frazer, a. a. O. I, 20. Im AT vgl. noch Sach 12 11 (Klage um Hadad-Rimmon) Dan 11 37 Jer 22 18 34 5, vielleicht auch Ri 11 37f.; zu Adonis Jes 17 10f. 1 29 (dazu Baudissin, a. a. O. 87ff. 361f.; H. Schmökel, Heilige Hochzeit und Hoheslied, AKM XXXII,1, 1956, 29f.). Beispiele der Klage bieten AOT 270—273. 206ff. und Falkenstein—v. Soden 185 bis 187. — In Gilgamesch VI, 46f. wirft der Held der Göttin Ischtar vor: »Tammuz, deinem Jugendgeliebten — ihm hast *Jahr für Jahr* du zu weinen bestimmt« (Schott-v. Soden, a. a. O. 54; vgl. AOT 161).

[50] Vgl. zu Anm. 36 und 39.

[51] Erman, Rel. 70; Hopfner, a. a. O. I, 16 nach Pyr. 163. Das ist ein gemeinorientalischer Trauerritus, vgl. etwa Hi 1 20 2 12f. Jes 32 11f. Jo 3 6 u. a.; auch Gaster, Thespis, ²1961, 212—214.

[52] II, 61. Die Berichte griechischer Schriftsteller zu Osiris sind zusammengestellt bei Roeder II, 233ff.; vgl. auch Bonnet, RÄRG 569. 574.

[53] De Syria dea 6 nach C. Clemen, Lukians Schrift über die syrische Göttin 8; vgl. Baudissin, a. a. O. 73ff. 94ff. mit weiteren Beispielen.

Wie Anat nach dem toten Baal forscht[54], so sucht und findet Isis die Leiche des Osiris. In dem Hymnus des Amon-Mose an Osiris heißt es: »Isis, die Verklärte, die ihren Bruder schützt; die ihn sucht und dabei nicht erlahmt, die dieses Land in Trauer durchzog, ohne zu rasten, bevor sie ihn gefunden hatte«[55]. Bei den Stundenwachen der Osirismysterien sprach das Klageweib in der dritten Nachtstunde: »Ich durcheilte das Land, ich durchzog den Nun, ich suchte am Strom. Ich klagte weinend, weil du verlassen warst« und in der sechsten Nachtstunde: »Die trauernden (Göttinnen) beklagen sich, sie schlagen dir mit den Händen zusammen, sie singen dir und rezitieren dir und klagen dir, damit deine Seele froh wird ... Ich kam und suchte und fand den Ermatteten. Ich betrauerte meinen Herrn ... und weinte sehr«[56]. In dem hethitischen Mythos vom Verschwinden des Telepinuš und seiner Rückkehr tritt das Suchmotiv durch Wiederholung stark hervor. Zunächst suchen die Götter Telepinuš, weil sie ohne ihn Hungers sterben, dann werden ein Adler und schließlich eine Biene beauftragt, die Suchaktion zu übernehmen[57].

Wie bedeutsam, ja geradezu notwendig eine Königsherrschaft unter den Göttern ist, zeigt der Fortgang des Mythos: Nach Baals Tod ist der Königsthron verwaist, so muß ein anderer Gott zum Ersatzkönig gewählt werden. Es ist einer der Söhne Els, Astar, mit dem ständigen Beinamen »der Gewalttätige« (*ʿrṣ*).

Als El und seiner Gattin Aschera gemeldet wird,
»daß tot ist Alijan Baal,
daß gestorben ist der Fürst, Herr der Erde«[58],
da schlägt Aschera auf Els Aufforderung: »Gib einen deiner Söhne, daß ich ihn zum König mache!«[59] vor:

nmlk. ʿṯtr. ʿrṣ	»Wir wollen Astar den Schrecklichen zum König machen!
jmlk. ʿṯtr. ʿrṣ	Astar der Schreckliche soll König sein!«[60]

»Darauf steigt Astar der Schreckliche auf die Höhen des Zaphon, läßt sich auf dem (Thron-) Sitz Alijan Baals nieder. (Doch) reichen (seine) Füße nicht bis zum Schemel, sein Haupt reicht nicht bis zu seinem (= des Thrones oberen) Ende. Da antwortet Astar der Schreckliche:

[54] Das Suchmotiv erscheint im Handlungsablauf zweimal, nämlich bei Baals Tod und erneut bei seiner Auferstehung, vgl. zu Anm. 38 und 73.

[55] ROEDER, Urk. 24; vgl. KEES, Lesebuch Nr. 41; ERMAN, Literatur 190; Religion 73; HOPFNER, a. a. O. I, 18. (Weiteres dort 45. 49. 17²). Nach PLUTARCH (De Is. 14) muß die Göttin bis nach Byblos ratlos umherirren, bevor sie den Leichnam findet. Ist der Tote entdeckt, ertönt ein Ruf: »Osiris ist gefunden« oder »Wir haben ihn gefunden« (PLUTARCH, De Is. 39; dazu ROEDER II, 236. 55. 57).

[56] ROEDER, Urk. 42. 44.

[57] GOETZE, Kleinasien 143f.; vgl. ANET 126ff.

[58] 49, I, 13f.; vgl. o. Anm. 35. Eine Göttin, vielleicht Anat selbst, bringt die Todesnachricht, die nach ihrer Meinung El und Aschera Freude bereitet (49, 11). Wird hier noch etwas davon spürbar, daß El und Baal zunächst verschiedenen Götterkreisen angehörten? Vgl. u. S. 65f.

[59] 49, I, 17f.

[60] 49, I, 26f. (CML 110a; TRS 19).

l ámlk. bṣrrt. ṣpn »Ich kann nicht König sein auf den Höhen des Zaphon!«

Astar der Schreckliche steigt herab, steigt herab von dem (Thron-)Sitz Alijan Baals.

wjmlk. bárṣ »Und er wird König auf Erden,

íl. klh Gott von ihrer Gesamtheit«[61].

Obwohl Astar nicht der Sohn Baals und Anats ist, scheint dennoch wiederum der ägyptische Mythos, nach dem Horus seinen toten Vater Osiris ersetzt[62], die nächste Parallele zu diesem göttlichen Ersatzkönigtum zu bieten. Wie Horus von dem Götterrat unter Leitung von Re zu Osiris' Nachfolger bestimmt wird, so wird Astar von El, der den Vorsitz in der Götterversammlung führt, und Aschera zum Thronfolger Baals ernannt. Wie Astar für Baals Thron zu klein und d. h. zu jung ist, so wird in dem ägyptischen Götterstreit Horus seine Jugend vorgeworfen. Re wehrt sich dagegen, daß das Amt des Osiris seinem Sohn Horus übertragen wird: Dann zürnte der Herr des Alls gegen Horus, und er sagte zu ihm: »Du bist zu schwach in deinen Gliedern, und dieses Amt ist zu mächtig für dich, du Junge, dessen Mund noch einen üblen Geschmack hat«[63].

Mittlerweile[64] ist Anats Sehnsucht nach Baal übermächtig geworden:

---

[61] 49, I, 28—37 (CML 110a; anders TRS 19; Caquot, Syria 1958, 47). Astar ist also für Baals Thron zu klein oder zu jung, um die Königsherrschaft ausüben zu können. In dem nicht ganz deutlichen letzten Satz kann sich *klh* wohl nur auf *árṣ* zurückbeziehen: »ihre Gesamtheit = die gesamte Erde«. Ist aber *íl* Genitiv zu *árṣ* (»die Erde Els«) oder *klh* Genitiv zu *íl*? Im zweiten Fall (= die gegebene Übersetzung) entsteht in v. 37 ein Parallelismus. Zu *klh* vgl. 2 Aq V, 21. 31 (CML 52; TRS 71).

[62] Vgl. bes. Pap. Beatty I bei Roeder II, 25ff.; Erman, Rel. 75ff.

[63] Roeder II, 41; vgl. 43: »Soll es geschehen, daß das Amt dem Knaben gegeben wird?« Ob die Institution des *šar puḫi* irgendwie mit diesem göttlichen Ersatzkönigtum verbunden werden kann, wage ich nicht zu entscheiden. v. Soden schreibt dazu: »Die für Babylonien und Assyrien gelegentlich bezeugte Einsetzung eines Ersatzkönigs an Stelle des legitimen Herrschers wurde früher verschiedentlich als ein Stück sich jährlich wiederholender Fruchtbarkeitsriten mißverstanden. Die Diskussion der letzten zwanzig Jahre hat demgegenüber klargestellt, daß es sich dabei nicht um einen jährlich oder sonst in regelmäßigen Abständen vollzogenen Ritus handelt, sondern daß der Ersatzkönig zu seiner bis zu hunderttägigen ‚Regierung' nur fallweise eingesetzt wurde, um das durch schlechte Vorzeichen dem König angedrohte Unheil auf sich abzulenken.« Dabei ist »der Tod des Ersatzopfers der notwendige Abschluß des Ritus« (Christian-Festschrift, S. 100 bzw. 106). Vgl. noch F. M. Th. de Liagre-Böhl, Opera Minora, 1953, 404—422; J. Scharbert, BZ NF 2, 1958, 204—210. Dagegen nimmt Astar nicht stellvertretend Unheil auf sich, sondern wird auf einem bereits leerstehenden Königsthron eingesetzt. Auch ist keineswegs sicher, daß er bei Baals Wiedererscheinen getötet wird (49, V, 1ff. = CML 112; TRS 21f.). Dennoch fällt eine Parallelität auf.

[64] Der Anschluß an das Vorige ist durch eine Textlücke gestört.

(Wie) das Herz der Kuh nach ihrem Kalb,
(wie) das Herz des Schafes nach seinem Lamm,
so (sehnt sich) das Herz Anats nach Baal[65].

Sie ergreift Mot und fordert: »Gib mir meinen Bruder (zurück)!«[66] Als Mot entgegnet, er habe Baal im Inneren der Erde gesucht und verschlungen, »vergehen ein Tag, zwei Tage, ja Tage, ja Monate«[67], dann nimmt Anat an Mot Rache, indem sie ihn wie Korn behandelt: Mot wird gepackt, mit dem Schwert gespalten, geworfelt, verbrannt, gemahlen und auf das Feld gesät, so daß seine Überreste von den Vögeln aufgepickt und verzehrt werden[68].

In Baals Abwesenheit »brennt die Sonne stark«[69]. »Das Leben fehlte den Menschen«[70]. Da träumt El, daß »der Himmel Öl regnet und die Bäche an Honig überlaufen«[71]. Er freut sich, lacht; denn dieses glückhafte Vorzeichen kann nur einen Grund haben:

ḫj.álíjn.bʿl	»Alijan Baal lebt,
íṯ.zbl.bʿl.árṣ	der Fürst, Herr der Erde, ist da!«[72]

Noch muß Anat auf Els Geheiß die Sonnengöttin Schapasch bitten, Baal zu suchen[73]:

---

[65] 49, II, 6—9. 28—30 (CML 110b; TRS 19).

[66] 49, II, 12.

[67] 49, II, 26f.

[68] 49, II, 30ff. (CML 110b; TRS 20). Von den verschiedenen Deutungen, die diesem Stück zuteil wurden, scheint mir die von ALBRIGHT (RI 101; vgl. C.-M. EDSMAN, Ignis divinus, 1949, 25 u. a.) die wahrscheinlichste zu sein. Danach liegt hier ein »sympathetisches Ritual« vor, mit dem Baal (!) ins Leben zurückgerufen werden soll. Kaum wird Baals Vegetationscharakter auf Mot übertragen sein, so daß auch Mot zu einem sterbend-wiederauferstehenden Gott wird.

[69] 49, II, 24 (CML 110b; TRS 20).

[70] Vgl. S. 62, Anm. 15.

[71] Vgl. S. 62, Anm. 16.

[72] Dieser Ruf ist ganz entsprechend dem Todesruf (S. 15, Anm. 35) aufgebaut. Er erscheint mit einem *k* »denn« (oder »daß«) in den Zusammenhang eingefügt in 49, III, 8f 20f. und ist zu rekonstruieren in 49, III, 2f. (CML 112a; TRS 20f.), vielleicht auch 76, I, 6f. (CML 116a), vgl. die alttestamentliche Eidformel »So wahr Jahwe lebt« (H. W. WOLFF, BK XIV/1 zu Hos 4 15). — VIROLLEAUD (Eranos-Jahrbuch 1939, 36) schließt aus LUKIANS »De dea Syria« (ohne Stellenangabe), daß die Teilnehmer des Adonisfestes in Byblos am achten und letzten (d. i. am Auferstehungs-)Tag ausriefen: »Adon ist wiedererstanden, der Herr ist wiedererstanden!« Das ergäbe eine frappante Parallele, doch war mir der griechische Wortlaut nicht auffindbar (vgl. Kap. 6).

[73] *bqṯ* »suchen« in 49, III/IV, 44 (CML 112b, IV, 20); vgl. Hos 5 6 (H. W. WOLFF, BK XIV/1 z. St.). — Die Sonnengöttin soll die Suchaktion wohl deshalb übernehmen, weil sie auf ihrem täglichen Weg Himmel und Unterwelt durchquert und die Erde überblickt.

ij álijn.bʿl »Wo ist Alijan Baal,
ij.zbl.bʿl.árṣ wo ist der Fürst, der Herr der Erde?«[74]

Während Baal kampflos in die Unterwelt hinabstieg, zwingt ihn seine Rückkehr auf die Erde zu einer Auseinandersetzung mit seinen Feinden. Er erschlägt die Söhne der Aschera[75]. Jahre vergehen. Dann »im siebenten Jahr« beklagt Mot, was ihm angetan worden ist[76]. Schließlich kommt es zu einem erbitterten Kampf zwischen ihm und Baal.

Mot ist stark, Baal ist stark.
Sie stoßen einander wie Wildstiere.
Mot ist stark, Baal ist stark.
Sie beißen einander wie Schlangen...
Mot fällt hin, Baal fällt auf ihn.[77]

Schapasch, die Sonnengöttin, greift mit Worten für Baal ein: »Wie konntest Du (Mot) mit Alijan Baal kämpfen?«[78]

»Wahrlich, (El) wird deinen Königsthron umstoßen,
wahrlich, er wird das Szepter deiner Herrschaft zerbrechen!«[79]

Da fürchtet sich Mot. Der Rest der Tafel ist leider verlorengegangen, doch kann an Baals Sieg kein Zweifel sein[80].

Aus den folgenden, meist stark beschädigten Tafeln 62 und 76 sei nur noch erwähnt, daß Baal ein Stier (*ibr, rúm*) als Nachkomme geboren wird[81]. In seinem Palast wird ihm die Botschaft überbracht.

bʿl.jṯb.lks(í.mlkh) Baal sitzt auf seinem Königsthron,
bn dgn.lkḥ(ṯ.drkth) der Sohn Dagans auf seinem Herrschersitz[82].

---

[74] 49, III/IV, 28f. 39f. (CML 112; TRS 21); vgl. Jer 2 6. 8 Ist auch diese Frage ein Kultruf (s. die Parallele Anm. 72, vgl. u. S. 72)? — Anschließend weist der Text eine Lücke auf.

[75] 49, V, 1ff. (CML 112b). Undeutlich ist 49, V, 5f.:
( )*ṣ.lksí.mlkh* . . . auf (oder: von) seinem Königsthron,
( ) *lkḥt.drkth* . . . auf (oder: von) seinem Herrschaftssitz.
Während Gordon (UL 47), Ginsberg (ANET 141) und Aistleitner (TRS 22) — wohl näherliegend — an die Rückkehr Baals auf den Thron denken, nimmt Driver an, daß hier Astar gemeint ist, der von seinem Thron herabsteigt (vgl. 49, I, 37 s. Anm. 61). In v. 5 liest er statt *ṣ rd* (von *jrd*). Doch hat die Originalpublikation (Virolleaud, Syria 12, 1931, 218, Pl XLII) deutlich *ṣ*.

[76] 49, V, 7ff. (CML 112b; TRS 22).

[77] 49, VI, 17—19. 21—22 (CML 114a; TRS 23); zu *ngḥ* »stoßen« vgl. Ex 21 28-32.

[78] 49, VI, bes. 22ff. (CML 114a; TRS 22f.).

[79] 49, VI, 28f. (CML 114b), vgl. S. 36, Anm. 6.

[80] Während Gordon (UL 48) und Ginsberg (ANET 141) aus dem Bruchstück 49, VI, 33—35 rekonstruieren, daß »Baal sich (auf seinem Thron) niederläßt«, erkennt Driver (CML 114b) darin eine Rede Mots »(El) wird Baal (auf dem Thron) sitzen lassen«, vgl. S. 30, Anm. 5. Doch ist sonst nirgends erwähnt, daß Baals Königtum von El abhängt.

[81] 76, III, 1ff. 17ff. 32ff. (CML 116—118; TRS 54).

[82] 76, III, 14f. (CML 118a; TRS 54). Die Rekonstruktion erfolgt nach *ʿnt* IV, 46 (CML 86b, Zl. 2); 49, V, 5 (CML 112b); 127, 23 (CML 44).

C. DAS KÖNIGTUM DER GÖTTER IN UGARIT

IM VERGLEICH MIT AUSSAGEN DES ALTEN TESTAMENTS

Nachdem wir einen großen Teil der Aussagen der Ras Schamra-Texte über das Königtum der Götter kurz in ihrem Zusammenhang überblickt haben, sind die Wendungen einzeln zu prüfen[1]. Dabei soll das Königtum Els und Baals stärker erfaßt werden, während die anderen Götter, denen ein königlicher Rang hin und wieder zugemessen wird, unberücksichtigt bleiben. Jam und Mot treten nur als Gegner Baals hervor, werden durch ihn gestürzt; Astar ist sein Stellvertreter.

---

[1] Zuvor sei das Vorkommen des Stammes *mlk*, soweit es sich auf Gottheiten bezieht, zusammengestellt:

I. Substantive:

a) *mlk* »König«: neunmal für El (S. 23, Anm. 4—6),
mlkn »unser König«: zweimal für Baal (S. 13, Anm. 17).
Vgl. noch S. 14, Anm. 26.

b) *mlk* (sprich: *mulku*) »Königtum«: einmal von Baal (S. 11, Anm. 8),
mlkk »dein Königtum«: einmal von Mot, einmal von Astar? (S. 36, Anm. 6),
mlkh »sein Königtum«: zweimal von Baal (S. 30, Anm. 4 u. 5), einmal ergänzt (S. 21, Anm. 82). Undeutlich: 49, V, 5f. (S. 21, Anm. 75).
Unklar bleibt *mlk* in 51, III, 9 (CML 94a).

II. Verbum:

a) *mlk* (Grundstamm) »König sein, werden, als König herrschen«:
mlkt »du sollst König sein«: einmal von Jam (S. 10, Anm. 3),
ámlk »ich kann (nicht) König sein«: einmal von Astar (S. 19, Anm. 61),
jmlk »er soll König sein (werden), ist König«: zweimal von Baal (S. 12, Anm. 12 und S. 66, Anm. 1), einmal von Astar (S. 18, Anm. 60),
wjmlk »und er wurde König«: einmal von Astar (S. 19, Anm. 61);

b) *mlk* (Intensivstamm, hier kausativ) »König sein (werden) lassen, zum König machen«:
ámlkn »ich will zum König machen«: einmal von Astar (49, I, 18 = CML 110a),
nmlk »wir wollen zum König machen«: zweimal von Astar (49, I, 20. 26 = CML 110a, vgl. S. 18, Anm. 60).

Zur Ergänzung: Von einem Thron (*ksú*, gen.: *ksí*, akk.: *ksá*) wird geredet bei den Göttern:

El (einmal): 67, VI, 12 (CML 108a),
Baal (zweimal): S. 21, Anm. 82 und S. 30, Anm. 4,
Jam (dreimal): 68, 7. 12. 20 (CML 80—83),
Mot (dreimal): 51, VIII, 12 (CML 102a); 67, II, 15 (CML 104a); 49, VI, 28 (CML 114b, siehe S. 36, Anm. 6),
Košer-waChassis (zweimal): *ʿnt* VI, 15 (CML 90b); ? *ʿnt pl* IX, III, 1 (CML 74a).

Undeutlich bleibt 49, V, 5 (S. 21, Anm. 75), vgl. noch die Ergänzung *ʿnt pl* IX, IV 24 (CML 76a).

— Trennt man die Äußerungen über El und Baal als Könige, so fällt sogleich die Verschiedenheit beider auf. Es gilt, die Unterschiede herauszustellen und sie dabei mit ähnlichen Aussagen des Alten Testaments zu vergleichen.

1. DAS KÖNIGTUM ELS

a) El als *mlk*

Der Titel *mlk* »König« haftet in besonderer Weise, ja fast ausschließlich, an El, der neunmal *mlk* genannt wird[2]. Dazu kommt einmal *mlk* für sein Königtum[3]. Fünfmal erscheint *mlk áb šnm* »der König, Vater der Erhabenen (= der Götter)« parallel zu dem Eigennamen Els[4]. Einmal heißt El unmittelbar *il mlk* »El, der König«[5]. Dreimal findet sich:

ṯr il.ábh	Stier El, sein Vater,
il mlk.djknnh	El, der König, der ihn (Baal) schuf[6].

Driver übersetzt hier: »Stier El, sein Vater, der Gott, der ihn (Baal) zum König bestimmte«. Diese Aussage würde sich den Mythen inhaltlich schlecht einfügen, da Baals Königtum sonst nicht als von El abhängig geschildert wird. Vor allem bleibt dann der Parallelismus *ábh/djknnh* unbeachtet. So ist die gegebene Übersetzung eher gerechtfertigt. Auch hier ist also *il mlk* »El, der König« titelartig zusammengefügt.

Tatsächlich kommt das Prädikat *mlk* in den bisher veröffentlichten Ras Schamra-Texten appositionell allein El zu. Nun findet sich in ugaritischen theophoren Personennamen mehrfach *mlk* an Stelle eines Gottesnamens[7]. Der Eigenname *ʿbdmlk*[8] ist nach Analogien wie *ʿbdjrḫ* »Sklave des Mondgottes Jariḫ« oder *ʿbdjm* »Sklave des Meeresgottes Jam« »Sklave des Gottes Milk« zu übersetzen. Entsprechend *ábršp* »(Mein) Vater ist der Pestgott Rašaph« ist *ábmlk*

---

[2] Siehe Anm. 4—6.

[3] I K I, 41 (CML 28b).

[4] 49, I, 8 (CML 108b); 51, IV, 24 (CML 96a); 2 Aq VI, 49 (CML 54b); mit Ergänzungen: 129, 5 (CML 76); *ʿnt pl* VI, V, 16 (CML 90a, Zl. 8). Vgl. u. S. 59, Anm. 3

[5] 51, IV, 38 (CML 96a).

[6] 51, IV, 47f. (CML 96a); *ʿnt* V, 44 (CML 90a, Zl. 35f.); mit Ergänzungen: 51, I, 5 (CML 92a). *kn* √*kwn* bedeutet im Grundstamm »(fest) sein, werden«, im L-Stamm »sein lassen, machen, schaffen«. Das hebr. כּוּן hat im polel den Sinn von »(fest) hinstellen, gründen«, kann aber auch die Bedeutung von »schaffen« annehmen, etwa Dtn 32 6 (vgl. auch dort parallel zu אָב). Wer das Pronomen *h* als feminin versteht, muß es abwechselnd auf Anat und Aschera beziehen.

[7] In den Ras Schamra-Texten begegnen noch *mlk* (3, 48. 50. 53; vgl. 9, 10) und *mlkt* (41, 4) als Opfertermini, weiter *mlkm* als Gottesname, siehe Gordon, UM 289, Nr. 1118f.

[8] 300, 2, 16, u. ö., vgl. de Langhe II, 306.

»(Mein) Vater ist der Gott Milk« gebildet[9]. Neben *ilbʿl* »(Mein) Gott ist Baal« oder *ildgn* »(Mein) Gott ist Dagan« steht *ilmlk* »(Mein) Gott ist Milk«[10]. In der ersten und zweiten Form ist *mlk* eindeutig Gottesname, in der dritten kann *mlk* auch als Epitheton verstanden werden. Da die Königsprädikation in so ausgezeichneter Weise mit El verbunden wird, ist anzunehmen, daß der Titel *mlk* nicht nur Beiname Els war, sondern manchmal sogar zu seinem Eigennamen[11] wurde.

Welche Aufgaben obliegen nun El als König? Als Anat sich über das Verhalten Aqhats beschwert, begibt sie sich zu König El[12]. Ihm wird Jams Palastbau gemeldet[13], an ihn wenden sich Anat und Aschera, um die Erlaubnis für Baals Tempelbau zu erwirken[14]. Als König setzt

---

[9] 314, 8; 323, IV, 10; vgl. DE LANGHE II, 268f. (hebr.: אבימלך). GORDONS Übersetzung »Sklave des Königs« und »Der König ist (mein) Vater« (UM 52, § 8, 56f.) ist durch die beigebrachten Analogien ausgeschlossen. — Zur Vokalisation *milk* (hebr.: *melek*) und *rašap* (hebr.: *rešep*) siehe THUREAU-DANGIN, RA 1940, 103f.

[10] 127, 59 u. ö., vgl. DE LANGHE II, 273; POPE, EUT 22 (hebr.: אלמלך). Hier ist auch die Übersetzung »El ist König« möglich, vgl. den ähnlichen Namen *kṯrmlk* »Košer ist König« in 314, rev. 5. Bedeutet der Name *qnmlk* »Milk hat erschaffen«?

Weiteres siehe bei BAUDISSIN, Kyrios III, 44—51. 97—104; EISSFELDT, ZAW 1928, 82—89; speziell für die Ras Schamra-Texte: DE LANGHE II, 352. Unter den akkadischen Texten von Ras Schamra findet sich eine Kaufurkunde (VIROLLEAUD, RA 1941, 4—6) eines Milki-iatanu, der Baal-Priester war (NOTH, ZDPV 1942, 158f.; DE LANGHE I, 108; II, 264).

[11] Darauf kann besonders der Eigenname *ilmlk* in seiner Doppeldeutigkeit »(Mein) Gott ist Milk« und »El ist König« hinweisen.

Nachträglich finde ich eine Stütze bei THUREAU-DANGIN, RA 1940, 103: »Mlk est 'Il en tant que ,roi'«. Vgl. noch H. INGHOLT-J. STARCKY in D. SCHLUMBERGER, La Palmyrène du Nord-Ouest, Paris 1951, 165f. zu Inschrift 57; J. STARCKY in Histoire des religions IV, o. J., S. 224. BAUDISSIN (Kyrios III, 102) und EISSFELDT (ZAW 1928, 86) sahen *malk* als Namen des El-Kronos von Byblos an. — GRAY (LC 125—127. 136) verbindet den Titel *mlk* mit Astar, was von dem ugaritischen Bestand her keineswegs einleuchtet.

Der Artikel »Milkom« von KLAUSER in RAC I, 1095f. erweckt den Eindruck, als ob EISSFELDT sich in »Molk als Opferbegriff . . .« (1935) gegen die Existenz eines Gottes Melek oder Moloch ausgesprochen hätte. Auch BEGRICH äußert einmal: »Wie EISSFELDT gezeigt hat, hat es nie einen Gott Melek gegeben« (OLZ 1939, 481). Tatsächlich wollte EISSFELDT nur »das Ende des Gottes Moloch« nachweisen; an dem semitischen Gottesepitheton oder -namen *mlk* hat er, seine ältere Untersuchung bekräftigend (vgl. S. 43 mit Verweis auf ZAW 1928, 81ff.), festgehalten. Es bleibt strittig, ob man in Israel (vielleicht nur als Lokalkult im Hinnom-Tal bei Jerusalem) ausnahmsweise einem Gott Moloch Kinderopfer darbrachte (Lev 20 2ff. Jer 32 35 u. a.) oder ob *molk* nur wie im Punischen eine Opferart bezeichnet. Vgl. noch den Namen des Ammonitergottes »Milkom« (I Reg 11 5. 33 u. a.).

[12] 2 Aq VI, 45ff. (CML 54; TRS 73).

[13] 129 (CML 76), vgl. S. 10, Anm. 2.

[14] *ʿnt pl* VI, IV, 7ff. (CML 88—90; TRS 30); 51, IV (CML 94—96; TRS 39ff.).

El auch zusammen mit Aschera Astar als Ersatzkönig für Baal ein[15]. Kurz: der Titel *mlk* kennzeichnet El als den Herrscher in der Götterwelt, d. h. zugleich als den, der der Götterversammlung vorsteht[16].

b) Die Huldigung vor dem Götterkönig durch Bezeugung der »Ehre« (*kbd*)

Zwar wird in den ugaritischen Texten die Proskynese verschiedenen Göttern, aber doch vor allem dem Götterkönig El durch Götterboten und die Götter selbst zuteil. Gerade als dem Monarchen werden El nach altorientalischem Zeremoniell königliche Ehren dargebracht. Mehrmals erfolgt die Huldigung unmittelbar nach der Königstitulation. Man beugt sich vor El (*jhbr*), fällt nieder (*jql*), verneigt sich huldigend (*jšt*ḥ*wj*) und bringt ihm Ehre dar (*jkbd*)[17].

Das Alte Testament bestätigt diesen Zusammenhang zwischen dem Gottkönigtum Els und der »Ehre«-Akklamation, indem es selbst einen Beleg dafür bringt, daß dem Gott El »Ehre« dargebracht wird. Seit langem ist man so gut wie einhelliger Meinung, daß Ps 19 A (v. 2—7) viel vorisraelitisches Gut in sich birgt und wahrscheinlich ursprünglich einen Hymnus auf den Gott El darstellte. Ps 19 2 setzt sogleich ein mit der hier entscheidenden Aussage:

»Die Himmel erzählen die Ehre (כבוד) Els«.

Auf diesen Vorstellungskreis deutet auch die sonst im Alten Testament hin und wieder auftretende Huldigung des Gottkönigs; vgl. Ps 97 7 (durch die Götter) 22 29 f. 29 2b 95 6 96 9 99 5. 9 Sach 14 16 f. So findet sich in Ps 24 7-10 neben den anderen Titeln Jahwes, die ganz verschiedener Tradition entstammen[18], geradezu »König der Ehre«. In

---

[15] 49, I (CML 108—110; TRS 19). Als König (129, 5 = CML 76; TRS 47) ernennt El auch Jam zum König (129, 22), vgl. S. 10, Anm. 3.

[16] Vgl. 137 (CML 78) im Zusammenhang mit 129 (CML 76—78; TRS 47—50).

[17] Vor El die Götter Anat: 49, I, 9f. (CML 108b; TRS 18); 2 Aq VI, 49f. (CML 54b); Aschera: 51, IV, 25f. (CML 96a); Astar (?): 129, 5f. (CML 76); ein Bote: *ʿnt pl* IX, III, 24f. (CML 74b), vgl. auch 137, 13. 29 (CML 78-80), wo jedoch unklar ist, ob die Boten Jams die Huldigung nicht vielmehr verweigern sollen. Baal wird in den bisher veröffentlichten Texten nie eine Huldigung zuteil, wie sie die Götter El darbringen. — Weiter erfolgt die Huldigung aber nur durch Boten vor Mot 51, VIII, 27f. (CML 102a), vor Anat *ʿnt* III, 6f. (CML 86a, Zl. 24f.), vgl. *ʿnt pl* IX, II, 15f. (CML 72b) und vor Košer-waChassis *ʿnt* VI, 19f. (CML 90b), vgl. *ʿnt pl* IX, III, 3f. (CML 74a). Da dieser Tatbestand zufällig sein könnte, läßt sich die »Ehr«erbietung nur mit Zurückhaltung der El-Tradition zuschreiben.

[18] Es ist zu erkennen: 1. »König der Ehre«, speziell eine Prädikation Els, die auf die Kulttraditionen Jerusalems weist; 2. »der Mächtige, der Kriegsheld« aus dem Heiligen Krieg; 3. »Jahwe Zebaoth«, der aus Silo stammende Titel des Ladegottes (vgl. S. 89f.).

Ps 29 9 ist eine כבוד-Akklamation erkennbar, die dem König Jahwe dargebracht wird; ein ausführlicherer Ruf erscheint in Jes 6 3. Dazu fordern Ps 29 1 f. 96 7 f. (vgl. 145 5. 11) auf, dem Gottkönig Ehre (כבוד) darzubringen. Auch heißt der Zion mit dem Tempel »Thron der Ehre« (Jer 14 21 17 12; vgl. zur Lade I Sam 4 21 f.)[19].

Man wird also mit der Annahme kaum zu weit gehen, daß solche Züge im Alten Testament ihren Ursprung in Els Königtum haben, d. h. daß die in Jerusalem ansässige Vorstellung vom כבוד Gottes der kanaanäischen Religion entstammt[20]. Zwar verweist die »Ehr«-erbietung nicht mit eindeutiger Ausschließlichkeit, sondern nur mit großer Wahrscheinlichkeit auf eine El-Tradition, doch wird die Vermutung eines solchen Zusammenhanges durch die weitere Frage bestätigt: Wer bringt die Huldigung dar?

c) Die Götterversammlung

Die Götterversammlung trägt die Bezeichnungen: *dr il* »Kreis (bzw. Familie) Els« oder *dr bn il* »Kreis der Söhne Els«[21], *mpḫrt bn il* »Gesamtheit der Söhne Els«[22]. Bei anderen Ausdrücken bleibt unklar, ob in *ilm* ein Plural zu *il* »Götter« oder *il* »El« mit enklitischem *ma* zu erkennen ist, so in *pḫr bn ilm* »Gesamtheit der Söhne Els (?)«[23], *pḫr ilm* »Gesamtheit der Götter«[24] und *ʿdt ilm* »Versammlung der Götter«[25]. Daneben begegnet *pḫr mʿd* »Vollversammlung«[26].

Wie schon der Name »Söhne Els« zeigt, bildet das Pantheon den Hofstaat des Götterkönigs El; gerade als *mlk* ist El das Oberhaupt des Götterkreises. Diese Götterversammlung setzt sich also nicht aus unterworfenen, niedrigen Gottwesen, sondern aus den Göttern selbst zusammen. Von einem gleichen Götterrat Baals ist höchstens einmal die Rede[27]. Baal steht mindestens nicht in dem Maße wie El, wenn überhaupt, einem eigenen Hofstaat vor; jedenfalls erscheint Baal nicht als Haupt der »Söhne Els«.

---

[19] Eine Verbindung von כָּבוֹד und Jahwes Thronen liegt auch in Ez 1 (11 22f. 43 1ff.) vor, dazu die Proskynese: 1 28 3 23 43 3. — Vgl. noch Jes 24 23 Ps 145 12.

[20] Vgl. zuletzt Rendtorff, Offenbarung als Geschichte 28ff. mit Lit.

[21] 128, III, 19 (CML 36b) bzw. 2, 17. (34); 107, 2; vgl. »der ganze Kreis der Göttersöhne« in der Torinschrift von Karatepe III, 18 (KAI 26) oder »alle Göttersöhne« (KAI 27, 11).

[22] 2, 17. 34; 107, 3; vgl. *mpḫrt 'l gbl* »die Versammlung der Götter von Byblos« in der Jeḥimilk-Inschrift (KAI 4).

[23] 51, III, 14 (CML 94a).

[24] 17, 7; vgl. akkadisch *puḫur ilani*.

[25] 128, II, 7. 11 (CML 36a).

[26] 137, 14—17. 20. 31 (CML 78f.); vgl. auch Röllig, Friedrich-Festschrift 403ff.; W. Herrmann, ZRGG 1960, 242ff. u. a.

[27] Vgl. S. 31, Anm. 6.

Demnach erinnert das Alte Testament auch da an die El-Tradition, wo es wie in Ps 29 1 f. den »Göttersöhnen« gebietet, Jahwe »Ehre« zu erweisen und vor ihm niederzufallen. In Ps 97 7 f. werden sogar die Götter ermahnt, sich vor Jahwe niederzuwerfen; denn er ist »der Höchste auf der ganzen Erde, weit erhaben über alle Götter« (v. 9; vgl. Ps 96 4). Gerade die himmlischen Wesen bezeigen Gott die »Ehre«, wenn auch der Ruf nicht nur im Himmel erschallt (Ps 19 2 29 9b), sondern bis zur Erde dringt (Jes 6 3 Ps 97 6) und hier aufgenommen wird (Ps 24 7. 9). Die Götter oder »Göttersöhne« werden also im Alten Testament zu einem Verhalten aufgefordert, mit dem sie schon nach den ugaritischen Texten vor den Götterkönig El hintreten.

Die beiden Vorstellungen: die Huldigung vor dem Götterkönig und der himmlische Hofstaat gehören zusammen, weil eben die Götterversammlung die »Ehre« erweist. Erscheint Jahwe als König inmitten der ihm dienstbar ergebenen Himmelswesen, so haben wir mit einer Übertragung des Königsranges von El auf Jahwe zu rechnen, so daß Jahwe El seiner Machtstellung beraubte.

Lassen sich aber die »Söhne Els« bzw. »Göttersöhne« und das Pantheon überhaupt so in eins setzen? Sind die Göttersöhne nicht vielmehr niedrige Gottheiten, also nur untergeordnete oder zweitrangige göttliche Wesen, oder bezeichnen sie nur eine bestimmte Gruppe innerhalb der Götterwelt, die meist namenlos auftritt? Allgemein charakterisiert »Sohn« ja weniger die Unterordnung als die Zugehörigkeit: Wie im Alten Testament »Menschensohn« ein Mensch ist und die Israeliten »Söhne Israels« heißen, so meint *bn 'lm* Wesen, die zu dem Gott El oder zu den Elim, den Göttern, gehören, also Götter. Wenn Baal als »Sohn Dagans« erscheint, so wird er damit als Gott vorgestellt, der in einem besonders engen Verhältnis zu dem Gott Dagan steht. »Sohn Els« ist im Baalzyklus insbesondere ein häufiger Beiname des Gottes Mot (52, VII, 46 u. a.), eines Hauptgegners Baals. Der Kreis der »Söhne Els« ist demnach nicht namenlos, vielmehr zählen zu ihm auch große, nicht nur zweitrangige Götter. Lautet die Klage »Es ist kein Haus da für Baal wie für die (anderen) Götter, noch ein Hof wie für die Söhne Ascheras« (o. S. 13, Anm. 18), so ist vorausgesetzt, daß die »Söhne Ascheras (= Els Gattin)« wie doch wohl nur große Götter einen Tempel haben, und mit den »Göttern« werden sie ja auch im Parallelismus gleichgesetzt. Ähnlich sind nach Text 137, 19ff. *pḫr m'd* »die Vollversammlung«, *ilm* »die Götter« und *bn qdš*, was wohl »die Söhne des Heiligen (nämlich Els)« zu übersetzen ist, identisch. Zu diesem Götterrat gehört anscheinend Baal selbst. Schließlich wird man die Titel *pḫr bn ilm* »Gesamtheit der Söhne Els (oder Göttersöhne)« und *pḫr ilm* »Gesamtheit der Götter« (s. o.) kaum voneinander trennen dürfen; am ehesten bezeichnen beide wechselweise die Götterversammlung. — Wenn die »Göttersöhne« in der Karatepe-Inschrift nach Baal Schamem, El, »Schöpfer der Erde«, und dem »Sonnengott der Ewigkeit« genannt werden, so braucht der Ausdruck keineswegs nur untergeordnete Wesen zu meinen, sondern kann alle nicht einzeln genannten Götter (und Göttinnen?) zusammenfassen.

Im Alten Testament stellt Ps 82 6. 1 unmittelbar die »Söhne Eljons« und die Götter gleich; ähnlich parallelisiert Dtn 32 8 f. (cj.): Wie durch die Setzung Els die Völker den »Söhnen Els« zufielen — d. h. doch wohl jeweils dem Gott, den ein Volk verehrt —, so ist Israel Jahwes Teil. Damit bestätigt das Alte Testament, daß man die Göttersöhne ursprünglich doch wohl allgemein als die Götter zu verstehen hat. Da die Götter aber einem königlichen Oberhaupt (El) unterstehen, dem sie huldigen und zu dem sie sich mit ihren Anliegen wenden, können sie zu untergeordneten Wesen werden. Diese Unterwerfung der Götter unter einen Gott scheint Israel bei der Übertragung der Vorstellung auf Jahwe verstärkt zu haben (vgl. etwa Hi 1f.). Die Proklamation von Jahwes Königtum über die Götter (Ps 95 3), über die Göttersöhne (Ps 29) und über den dienstbaren himmlischen Hofstaat (Ps 103 19ff.) ist überlieferungsgeschichtlich kaum zu trennen; und auch der Seraphenchor von Jes 6 gehört in diesen Traditionsbereich. Am ehesten sieht man doch in dieser Linie eine Entwicklung: Jahwes Ausschließlichkeitsanspruch führt zur Entmachtung der Götter.

d) Die Gottesprädikation »heilig« (*qdš*)

Durchsuchen wir die Ras Schamra-Texte nach dem Vorkommen von »heilig« (*qdš*) in einer Gottesaussage, so stoßen wir wiederum auf den Vorstellungskreis um den Gott El. In dem Epos, das von dem Geschick des Königs Keret erzählt, wird zweimal die Frage gestellt:

krt.bnm.il »Ist Keret der Sohn Els,
špḥ.lṭpn.wqdš der Sproß des Freundlichen und Heiligen?«[28]

Der Parallelismus zeigt eindeutig, daß in beiden Zeilen El, der sonst als Göttervater erscheint[29], hier als Vater Kerets ausgegeben wird. Wie El mehrfach *lṭpn il dpid* »der Freundliche (Gütige), El, der mit Gemüt« heißt, so trägt er hier den Beinamen *lṭpn wqdš* »der Freundliche und der Heilige«[30].

Führt El das Prädikat »der Heilige«, so können wahrscheinlich die Götter auch »Söhne des Heiligen« genannt werden. Jedenfalls ist dies die nächstliegende Übersetzung des mehrfach belegten Ausdrucks *bn qdš*[31], der von dem parallelen *bn il* »Söhne Els« kaum zu trennen ist.

Konnte Graf Baudissin noch urteilen: »Auf alttestamentlichem Gebiet ist eine Bildung vom Stamme *ḳdš* mit Anwendung auf die Gottheit für alte Zeiten mit Sicherheit nicht nachzuweisen«[32], so ist dieser Schluß nach der Entdeckung der Ras Schamra-Texte nicht mehr möglich. Hier wird gerade einem der Hauptgötter, El, das Adjektiv *qdš* beigelegt. Auf westsemitischen Inschriften findet es sich als Gottesprädikation etwa noch in der Jeḥimilk-Inschrift von Byblos (Zl. 4f. 7: »die heiligen Götter von Byblos«) oder in dem

[28] 125, 10f. 20f. Zu *špḥ* vgl. שפחה (KBL s. v.).

[29] Vgl. u. S. 59f.

[30] Wegen des Parallelismus kann an den zitierten Stellen weder der Gott Kadeš (so CML 40), der sonst nur als Doppelgottheit *qdš wámrr* auftritt, noch die Göttin Aschera (so Albright, RI 217[17]; ähnlich Aistleitner, TRS 99; WUS 2394) gemeint sein, die in den Ras Schamra-Texten nie »die Heilige« genannt wird; vgl. aber Pope, EUT 43f. und ausführlicher zum Folgenden: ZAW 74, 1962, 62ff.

[31] 137, 21. 38 (CML 78ff.); 2 Aq I, 4. 9. 14. 23 (CML 48).

[32] Kyrios III, 208[1].

Zaubertext aus Arslan Tash, in dem die Götter »alle Heiligen« genannt werden[33]. Das Alte Testament greift diese Redeweise auf, wenn es von göttlichen Wesen als von »Heiligen« spricht (Ps 89 6. 8 Sach 14 5 Hi 5 1 15 15; vgl. Ex 15 11 Dt 33 3 u. a.). Ps 16 1-3 und Hos 12 1 erwähnen beiläufig aus einem vorgegebenen Überlieferungszusammenhang nebeneinander »El« und »die Heiligen«. Nach Ps 46, der stark durch vorisraelitische Zionstradition von dem Jerusalemer Stadtgott El Eljon geprägt ist, sind »die Wohnungen Eljons« »heilig« (v. 5).

Am deutlichsten tritt der Vorstellungskreis um das Gottkönigtum Els in Jes 6 hervor; hier finden sich die ungefähr ältesten, sicher datierbaren Belege für das Vorkommen von »König«, »heilig« und »Ehre« in Bezug auf Jahwe. In der Thronszene von Jesajas Berufungsgeschichte vereinen sich die Charakteristika der El-Tradition: der Titel *mlk* als Beifügung zum Gottesnamen »der König Jahwe Zebaoth« (v. 5), die »Ehre«-Akklamation (v. 3) durch den himmlischen Hofstaat, der allerdings von »Göttersöhnen« zu Seraphen umgebildet und erniedrigt wurde (v 2), und die Gottesprädikation »heilig« (v. 3)[34].

Das gleiche Wortfeld bieten auch die »Thronbesteigungslieder« Ps 96: »Ehre« (v. 3. 7 f.), »Götter« (v. 4 f.), »sich niederwerfen« (v. 9), »heilig« (vv. 9. 6) und »König« (v. 10) oder Ps 97: »König« (v. 1), »Thron« (v. 2), »Ehre« (v. 6), »Götter« (v. 7), »sich niederwerfen« (v. 7), »heilig« (v. 12) u. a.

Es scheint sich also bei den aus den ugaritischen Mythen gesammelten Aussagen um einen einzigen Traditionszusammenhang zu handeln: Dem Götterkönig El, der als »heilig« gilt, wird von den Göttern »Ehre« dargebracht. Diese Vorstellung hat Israel auf seinen Gott Jahwe übertragen.

2. DAS KÖNIGTUM BAALS

a) Allgemeine Kennzeichen

El ist *mlk*. Ganz anders die Vorstellung von Baal! In den mythologischen Texten wird der Titel *mlk* appositionell auf Baal überhaupt nicht angewendet[1]. Nur zweimal nennen die Götter Baal *mlkn* »unser

[33] KAI 4 bzw. 27; vgl. auch in der Eschmunazar-Inschrift (KAI 14, 9. 22): »die heiligen Götter«.

[34] Auch die Beifügung »sitzend auf einem Thron« ist in den Ras Schamra-Texten belegt (S. 21, Anm. 82), und die universale Ausdehnung des Herrschaftsbereichs (V 3: »die Fülle der ganzen Erde«) hat ihre Parallelen (S. 91, Anm. 1), vgl. ausführlicher ZRGG 16, 1964, 302 ff.

[1] Nyberg (Studien zum Hoseabuche, 1935, S. 46—48. 64. 124) erkennt in מֶלֶךְ und שָׂרִים (Hos 3 4 7 3. 5 8 4. 10 13 10) einen Gottesnamen mit einem göttlichen Hofstaat ähnlich »Jahwe Zebaoth«. Er setzt מֶלֶךְ und Baal gleich (S. 72. 103; vgl. demgegenüber Buber, KG 53 ff., der wie andere das Königsprädikat *nur* für Elgottheiten gelten läßt), so »daß Melek der kanaanäische Gott, die Melakim die in den verschiedenen Städten verehrten Beʿalim sind« (S. 55). Im Anschluß an Nyberg sieht

König«[2]; doch sonst wird im Zusammenhang mit seinem Namen das Verbum *mlk* verwendet oder im Substantiv »sein Königtum« erwähnt, wie auch von seinem Thron die Rede ist. So ist auch Baal eindeutig ein »König«, ja, sein Königtum ist geradezu das Zentralthema des großen Baalmythos! Als Baal im Streit mit Jam liegt, wird ihm ein »ewiges Königtum« verheißen. Nach der Überwindung des Gegners wird proklamiert: »Jam ist wahrlich tot, Baal ist König!«. Die Folgerung ist unausweichlich, daß Baals Königtum durch seinen Sieg über Jam begründet wird. Damit versagt die Parallele zu dem babylonischen Schöpfungsepos *Enuma eliš* (Tafel IV); denn dort geht Marduks Wahl zum König dem Kampf gegen Tiamat voraus.

Doch läßt eine Textstelle die Auffassung zu, daß Baals Königtum schon zuvor bestanden hatte und nur durch Jam geraubt worden war. Eine Rede Anats, in der sie prahlend ihre erschlagenen Feinde aufzählt[3], schließt mit einem Satz, der nach den bisher bekannten Mythen nur als Aussage über den zuvor genannten Jam gewertet werden kann[4].

ṭrd.bʿl.bmrjm.ṣpn	Er vertrieb Baal von den Höhen des Zaphon,
mšṣṣ kʿṣr.ủdnh	verjagte seine Herrschaft wie einen Vogel (?),
gršh.lksi.mlkh	verstieß ihn von seinem Königsthron,
lnẖt.lkḥt.drkth	von der Ruhestatt seines Herrschaftssitzes.

Sollte Baal tatsächlich von Jam entthront worden sein und nur sein verlorenes Königtum im Kampf gegen jenen wiedergewinnen, liegt hier ein ähnlicher Kreislauf vor wie im Motzyklus. Nachdem nämlich Baal durch den Tempelbau die Voraussetzung für eine gesicherte Königsherrschaft geschaffen hat, muß er das Königtum in der Auseinandersetzung mit Mot doch abgeben, bis er es erneut erobert[5].

Östborn (S. 56f. u. ö.) in מֶלֶךְ ושׂרים Baal mit seinem Pantheon. — Da in den Ras Schamra-Texten Baal weder als מֶלֶךְ noch mit einem Pantheon (vgl. u. Anm. 6) dargestellt wird, verliert diese Argumentation auch vom Kanaanäischen her ihre Stütze. So läßt sich, genau genommen, nicht von einem kanaanäischen Gott Baal-Melek sprechen. — Zu den Einwendungen, die sich vom Hoseatext her ergeben — der Prophet redet vom irdischen König —, vgl. Begrich, OLZ 1939, 481f.; Wolff, BK XIV/1 zu Hos 7 3.

[2] Vgl. S. 13, Anm. 17; zum Folgenden S. 10ff. 22, Anm. 1.

[3] *ʿnt* III, 33ff. (CML 86b, Zl. 50ff.; TRS 27f.), vgl. S. 43f.

[4] *ʿnt* IV, 45—48 (CML 86b, Zl. 62ff.). Im Gesamtzusammenhang sind die Verse als Relativsätze zu übersetzen, vgl. S. 43, Anm. 2. Die Bedeutung von v. 46, der nur ein paralleles Glied zu 42 und 47 sein kann, ist dunkel. Die Übersetzung ist umstritten. Zu *nẖt* vgl. S. 70, Anm. 7.

[5] Baals Königtum wird noch einmal in dem Bruchstück 49, VI, 34 erwähnt. Die Rekonstruktion von Driver (CML 114b) ist unsicher, da die Originalveröffentlichung (Syria 12, 1931, 220, pl XLIII) eher *mlkh lr* (so Gordon, UM) als *mlkh ln* ergibt; vgl. S. 21, Anm. 80.

Im Phönizischen gibt es einen Eigennamen מלכבעל »Baal ist König« (vgl. Baudissin, RE XIII, 282f.; Kyrios III, 44f. 191; Eissfeldt, Molk 26—28). — Da in den Ras Schamra-Texten Hadad und Baal gleichgesetzt sind (siehe S. 8, Anm. 18),

So wurden in Kanaan nach den bisher erschlossenen ugaritischen Texten zwei völlig verschiedene Königsgötter verehrt. Als Grundunterschied hebt sich heraus: El ist König, Baal wird König. Beide sind Könige über andere Götter, aber Els Königtum ist zeitlos-unveränderlich; Baal muß sich sein Königtum erwerben, durch einen Tempelbau sichern, gegen Feinde verteidigen, verliert es aber dennoch, um schließlich neu als König zu erstehen. Els Königtum ist statisch, Baals dynamisch. El thront inmitten der Götter, die gleichsam seinen Hofstaat bilden. Bei Baal ist kaum von einer umgebenden Götterversammlung die Rede[6], wie ihm auch in den bisher veröffentlichten Texten durch die Götter keine Huldigung zuteil wird; ja, Baal zählt selbst zu dem Götterrat Els (Text 137). Kurz: El stellt nach einer üblichen religionsphänomenologischen Unterscheidung den fernen, Baal den nahen Gott dar.

Das zyklische Werden und Vergehen von Baals Königtum würde noch vielfach gesteigert, wenn man als »Sitz im Leben« des Baalmythos einen regelmäßig gefeierten Kultakt erkennen könnte, in dessen Kreislauf sich auch das Königwerden Baals wiederholte. Jedenfalls schließen die Ras Schamra-Texte ein Thronbesteigungsfest Els zwingend aus[7], lassen aber ein Thronbesteigungsfest Baals als möglich

---

sei auch noch Philo Byblios angeführt: »Astarte, die größte, und Zeus Demarus und Adodus (= Hadad), König der Götter, herrschten über das Land nach dem Willen des Kronos« (Euseb, praep. evgl. I, 10. 31; vgl. Clemen, phRel 29). Ist auch Adrammelek (II Reg 17 31) aus Adad-melek entstellt?

[6] Hierher gehört nicht *ʿnn(h)*, das — meist als »(seine) Diener« verstanden — außer bei Baal (137, 35 = CML 80; TRS 50) noch bei Aschera (51, IV, 59 = CML 96b; TRS 41) und El (51, VIII, 15cj. = CML 102a; *ʿnt* IV, 76 = CML 88a, Zl. 32) angefügt wird. Auch Baals Diener (67, V, 8f. = CML 106b; TRS 16) sind hier nicht anzuführen. Selbstverständlich bildet die Festversammlung der Götter, die Baal zur Tempelweihe eingeladen hat (51, VI, 40ff.; vgl. VII, 5f.), keinen Baal umgebenden Hofstaat. Offen bleibt einzig der unsichere Text in 1, 7: *dr il wp(ḫ)r bʿl*, vgl. Pope, EUT 48f.

[7] So führt Schmid aus: »Mowinckel hat erwogen, ob das in vorisraelitischer Zeit in Jerusalem gefeierte Thronbesteigungsfest dem *ʾEl ʿäljon* galt. Dann liegt es nahe, aus den Thronbesteigungspsalmen zu folgern, daß Jahwe in Jerusalem seine Stelle eingenommen hat« (ZAW 1955, 186; vgl. Mowinckel, PsSt II, 204; Der 68. Psalm, S. 72). Schmid kann sich dabei auf Ps 47 3 97 9 berufen. Setzen wir aber voraus, daß Jerusalems Götterwelt als eine kanaanäische der von Ugarit in etwa entspricht, so ist ein Thronbesteigungsfest Els unmöglich. Oder sollte Eljon Züge Baals getragen oder gar Züge Els und Baals in sich vereinigt haben? Vgl. S. 35.57f. — Der volle Name des Jerusalemer Stadtgottes El Eljon ist hauptsächlich Gen 14 18-22 bezeugt. Nun hat jedoch della Vida vermutet, daß hier »the combination of El the Lord of Earth with ʿEljon the Lord of Heaven« vorliege als »result of theological speculation« (JBL 1944, 9; Pope, EUT 52f. u. a.). Somit wäre nur Eljon der alte Name des Stadtgottes (vgl. Ps 46 5 47 3 97 9), und man könnte nicht ohne weiteres

erscheinen. Dennoch wird durch die Verheißung, Baals Königtum werde »ewig, für alle Geschlechter« sein, neben dem ständigen Erneuern ein Streben nach dauerndem Bestand deutlich.

b) Der Gottesberg im Norden

Bisher blieb der Ort, von dem aus Baal seine Königsherrschaft ausübt und den die Ras Schamra-Texte recht häufig nennen, ganz unbeachtet: der Zaphon (*ṣpn*). Wohnstätte und Name des Gottes sind untrennbar verbunden. So heißt Baal mehrfach *bʿl ṣpn*[1]; sich selbst läßt er *íl ṣpn* »Gott (des) Zaphon« nennen[2]. Ähnlich wird er *bʿl ṣrrt ṣpn* bzw. *bʿl bṣrrt ṣpn*[3] oder *bʿl mrjm ṣpn*[4] »Herr der Höhen des Zaphon« genannt. Ja, der Ortsname *ṣpn* wurde zu einem Eigennamen Baals[5]. In den Mythen wird erzählt, wie er heimwärts zu *mrjm ṣpn* »den Höhen des Zaphon« zieht[6]. Baals Palast soll errichtet werden auf *ṣrrt ṣpn*[7]. Als Astar nach Baals Tod dessen Thron einnimmt, steigt er *bṣrrt ṣpn*, doch kann er dort nicht König sein[8]. Auf den Zaphon (*bṣpn*) lädt Baal die Götter zu dem Fest der Tempelweihe[9]. Schließlich begräbt ihn dort Anat, als er Mot in die Unterwelt folgen muß[10]. Kurz: Baal lebt auf dem Zaphon. Dort herrscht er als König nach seinem Sieg über seine Feinde; denn dort ist ein Heiligtum, sein

Jerusalem als den Ort der Übernahme von El-Traditionen beanspruchen. Mag aber Eljon ursprünglich eine eigene Gottheit gewesen sein oder sich nur ein Beiname Els »Eljon« verselbständigt haben, auf jeden Fall sind im Alten Testament El und Eljon mehrfach synonym gebraucht, also beide Götter gleichgesetzt: Num 24 6 Dtn 32 8 (lies v. 8 b: »Söhne Els«) Ps 73 11 77 10f. 82 1. 6 107 11 Jes 14 13f. Da man keineswegs an allen Stellen eine Abhängigkeit von Gen 14 18ff. postulieren kann, werden beide Namen in Jerusalem schon vorisraelitisch eine Gottheit bezeichnet haben. Außerdem ist El nach den Ras Schamra-Texten nicht vollkommen aus dem Himmel zu verbannen (u. S. 56, Anm. 7), vgl. weiter WM 17, 1964, 28[2]. — Von einem Baaltempel in Jerusalem wissen wir erst aus israelitischer Zeit (II Reg 11 18; errichtet von Athalja ?).

1 1, 10; 9, 14; 107, 10 ?; 125, 6 f. (CML 40a); 125, 107 (CML 42a, Zl. 45).

2 *ʿnt* III, 26 (CML 86a, Zl. 44); *ʿnt* IV, 63 (CML 88a, Zl. 19); auch in der Götterliste 17, 13. Vgl. noch *ʿnt pl* IX, III, 16 (CML 74a).

3 49, VI, 12f. (CML 114a) bzw. *ʿnt* I, 21f. (CML 82—84).

4 51, V, 85 (CML 96b, Zl. 23); 67, I, 10f. (CML 102b); *ʿnt* III, 44f. (CML 86b, Zl. 62f.); *ʿnt* IV, 81f. (CML 88b, Zl. 37f.). Aistleitner (TRS 99 u. ö.) versteht diese Titel ähnlich wie *áb šnm* (vgl. S. 59, Anm. 3) als Ortsangabe.

5 1 Aq I, 84 (CML 60b, Zl. 35) und die Opferlisten 3, 34. 42; 9, 4. 7.

6 51, IV, 19 (CML 96a).

7 51, V, 117 (CML 98a, Zl. 55).

8 49, I, 29. 34 (CML 110a).

9 51, VII, 6, vgl. die Rekonstruktion in CML 100a im Zusammenhang mit 51, VI, 40ff.

10 62, 14ff. (CML 108b; TRS 18). — Undeutlich bleiben die Erwähnungen des Zaphon in 76, III, 31 (CML 118b) und *ʿnt pl* X, V, 5. 18 (CML 76).

Palast oder Tempel, mit seinem Thron[11]. Dieser Berg ist ihm allein vorbehalten; die Meinung, daß die Ras Schamra-Texte auch El als auf dem Zaphon thronend erwähnen, hat sich nicht bestätigt[12].

Lange Zeit war die Bedeutung von *ṣpn* unklar, bis EISSFELDT die Identität des Zaphon mit dem antiken Mons Casius, dem heutigen *dschebel el-aqraʿ*, aufwies, die allgemein anerkannt und wohl unumstößlich ist[13]. Dieser oft regenumwölkte Berg an der nordsyrischen Mittelmeerküste, »der sich in 1770 m Höhe 30 km nördlich von Ras Schamra, nach allen Seiten weithin sichtbar, erhebt«[14], galt als der Sitz des Regengottes.

Vornehmlich Ps 48 3 enthüllt, daß man den Zion, um auch ihn zum Thronsitz des Götterkönigs zu erklären, mit dem Zaphon gleichsetzte.

Sein heiliger Berg, schön an Höhe,
ist die Freude der gesamten Erde,
der Berg Zion, der Gipfel des Zaphon,
ist die Stadt eines großen Königs[15].

»Der Gipfel, der entlegenste Teil«, bezeichnet sonst — horizontal — die Weite (Ez 38 6. 15 u. a.), meint hier jedoch — vertikal — die Höhe. Diesen Sinn haben jedenfalls יַרְכְּתֵי צָפוֹן in Jes 14 13, wie der Kontrast zu Jes 14 15 lehrt, und יַרְכְּתֵי לְבָנוֹן in Jes 37 24 II Reg 19 23, wie sich aus dem Parallelismus zu מְרוֹם הָרִים ergibt[16].

Wenn sich in Ps 48 3 auch noch das Motiv der Gottesstadt angereiht hat, da zum Zion das Heiligtum und Jerusalem gehören, so ist doch die Verbindung von Zaphon und Königtum so auffällig, daß EISSFELDT zuzustimmen ist: »Die Vorstellung von einem in den Himmel ragenden Berg, dem Zaphon, der Sitz und Thron des Baals dieses Berges ist«, machte Jahwe sich zu eigen: »der Baal wird entthront, und Jahwe nimmt seinen Platz ein«[17].

---

[11] Daß Baal auf dem Zaphon thront, geht hervor aus 51, V, 117; 49, I, 29. 34. Nach *ʿnt* IV, 45—48 entspricht das Vertreiben vom Zaphon dem Verlust des Thrones (s. S. 22). Vgl. auch 76, III, 29f. in Verbindung mit III, 13f.; weiter *ʿnt* III, 26; IV, 63.

[12] So SCHMID, ZAW 1955, 188; vgl. die Widerlegung bei POPE, EUT 102.

[13] Vgl. EISSFELDT, Baal Zaphon ... 1932; ALBRIGHT, Bertholet-Festschrift, 1950, 1—14; LAUHA, Zaphon, 1943; DE LANGHE II, 211ff. צָפוֹן wird abgeleitet von צפה »spähen, Ausschau halten« (KBL s. v.) oder auch von צפן »verbergen« (GBu). — Weil der Zaphon in nördlicher Himmelsrichtung lag, wurde er allgemein zur Bezeichnung für den »Norden«.

[14] EISSFELDT, FuF 1944, 26 (= KlSchr II, 503).

[15] »Sein heiliger Berg« bildet nicht das Ende von v. 2, sondern den Anfang v. 3. Damit entsteht ein doppelgliedriger, ganz parallel gebauter Vers: zweimal ein Subjekt in einer Konstruktusverbindung, das durch eine Apposition, ebenfalls als Konstruktusverbindung, erläutert wird, und das Prädikat, das beidemal drei Wörter (wiederum im Genitivverhältnis) enthält. Substantive herrschen vor, was der Schilderung des hymnischen Stils entspricht.

[16] Vgl. EISSFELDT, Baal Zaphon 14—16.

[17] A. a. O. 20.

Diese These wird noch durch eine besondere Parallele gestützt, in der ebenfalls — wie in Ps 48 3 — die Heiligkeit und Schönheit des Zaphon gepriesen werden. In einer längeren Rede läßt Baal Boten von seinem eigenen Berg, seinem Heiligtum, sagen:

btk.ǵrj.íl.ṣpn	»Inmitten meines Berges, des Gottes Zaphon,
bqdš.bǧr.nḥltj	an heiligem Ort, auf dem Berg meines Eigentums,
bnʿm.bgbʿ.tlíjt	an lieblichem Ort, auf dem Hügel des Sieges«[18].

Die Vorstellungen vom Gottesberg im Norden, auf dem Baal als König residierte, dienten dazu, die Wohnstätte des Königs Jahwe zu verherrlichen. Ließ sich das Gottesprädikat »der Heilige« auf die El-Tradition zurückführen, so wird in dem Baalmythos der Ursprung der Rede von Jahwes »heiligem Berg«[19] zu suchen sein. Israel beschlagnahmte für Jahwe und bekannte vom Zion, was die Kanaanäer von ihrem Götterberg erzählten.

Andere alttestamentliche Stellen, die vom Zaphon als von einem Berg reden, enthalten keine Aussagen über Jahwes Königtum und können deshalb hier übergangen werden.

Da aber Jes 14 13f. in der Diskussion um das Verständnis des Gottesberges Zaphon eine bedeutende Rolle spielt, sei einiges zu den Versen angemerkt. Pope nimmt auf Grund dieser Stelle an, El habe früher auf dem Zaphon regiert, sei jedoch von Baal dort verstoßen worden, obwohl, wie Pope selbst darlegt, die Ras Schamra-Texte dazu keinen Anhalt bieten. Andererseits dient Jes 14 13f. bei Kraus dazu, die Identität vom Zaphon mit der »Versammlungsstätte des Götterpantheons« festzustellen[20]. Hören wir zunächst den Text! Es heißt dort innerhalb eines Spottliedes auf den König von Babel:

13 Gen Himmel will ich steigen,
über die Sterne Els will ich erheben meinen Thron,
und auf dem Berg der Versammlung will ich thronen auf den Höhen des Zaphon.
14 Ich will über Wolkenhöhen emporsteigen,
Eljon mich gleichstellen.

Nun hat sich aus den Ras Schamra-Texten ergeben, daß El das Haupt der Götterversammlung, der »Söhne Els«, ist und vielleicht auf einem Götterberg (dessen Name

---

[18] *ʿnt* III, 26—28 (CML 86, Zl. 44—46; TRS 27); vgl. 76, III, 28—31 (CML 118b; TRS 54). Zu *ǵr* vgl. צוּר »Felsen«, zu »Berg des Eigentums« Ex 15 17 (dazu S. 82). *tlíjt* ist von *l'j* »stark sein, Übermacht haben« abzuleiten und bedeutet etwa »Übermacht, Sieg«. Dies ist der gleiche Stamm, aus dem Baals häufiger Beiname »Alijan« gebildet ist (S. 8, Anm. 20). »Heilig« ist auch Baals Donnerstimme: *qlh qdš* »seine heilige Stimme« (51, VII, 29. 31; CML 100b; anders TRS 45), vgl. Ps 29 3-9.

[19] Vgl. »Berg Jahwes« (Ps 24 3), »mein heiliger Berg« (Ps 2 6 99 9 u. a.), dazu ZAW 74, 1962, 65. Vgl. aber zum Gottesberg auch S. 8, Anm. 17.

[20] Pope, EUT 102f. (vgl. Caquot, Syria 1958, 52—54 mit Lit.) bzw. Kraus, BK XV, 343.

undeutlich bleibt) inmitten dieses Götterpantheons thront[21]. Dagegen hat Baal seinen Thronsitz auf dem Zaphon, regiert anscheinend jedoch ohne einen ihn umgebenden göttlichen Hofstaat. Da Baal zwar König, aber nicht das Haupt der Götterversammlung ist, bildet der Zaphon auch nicht den Götterberg. Andererseits besteht kein Zweifel, daß in Jes 14 13f. der Zaphon als die Versammlungsstätte der Götter — denn das meint »Berg der Versammlung« — erscheint. Damit bleibt nur der Schluß übrig, daß in Jes 14 13f. ursprünglich verschiedene Traditionen zusammengeflossen sind. Der Text ist nicht nur literarisch, sondern auch traditionsgeschichtlich spät. Das legen noch einige andere Beobachtungen nahe. In den Ras Schamra-Texten kommt der Zaphon nicht als ein in den Himmel ragender Berg vor[22]. Dort ist er der Thron Baals, während er hier dem Gott Eljon zugewiesen ist, den die Ras Schamra-Texte nicht kennen. Liegt hier etwa eine Vermischung oder Gleichsetzung von ʿEljon mit Baals Beinamen ʾAlijan vor?[23] Daß der Zaphon eigentlich Sitz Baals ist, mag in v. 14a anklingen, der an Baals Titel »Wolkenfahrer«[24] erinnert. Auch dieser Zug wäre dann auf Eljon übertragen worden. — Deutlich dürfte jedenfalls sein, daß in Jes 14 13f. zunächst unterschiedliche mythische Ströme zusammengetroffen sind. Deshalb ist von hier aus kein Schluß auf die alten Traditionen statthaft; der Text läßt sich nicht ohne weiteres auf einen kanaanäischen Mythos zurückführen.

Auch an anderen Stellen, an denen das Alte Testament mythische Vorbilder aufgreift, vermischt es verschiedene mythische Stoffe miteinander. In dem Klagelied des Propheten Ezechiel über den König von Tyros (28 11-19), das die Erzählung von der Verfehlung des Urmenschen im Gottesgarten und seiner Verstoßung aufnimmt, ist der »Gottesgarten« traditionsgeschichtlich sekundär auf den »Gottesberg« verlegt. Indem so die Vertreibung aus dem Gottesgarten zur Verstoßung vom Gottesberg wird, gleicht sich die Erzählung vom Fall des irdischen Königs dem Mythos vom Sturz des Himmelswesens (Jes 14 12ff.) an. Gerade an Ez 28 11ff. läßt sich durch Vergleich mit der jahwistischen Paradiesesgeschichte Gen 2—3 selbst innerhalb des Alten Testaments der Zuwachs ganz verschiedener mythischer Motive beobachten; beispielsweise gehört die Vollkommenheit des Urmenschen (Schönheit, Weisheit, kostbares Siegel, Schmuck), die Gen 2 nicht enthält, so kaum ursprünglich in die Erzählung, sondern ist aus anderem mythischen Stoff eingetragen.

Ähnlich verbindet ja Ps 48 3 die Vorstellungen vom Gottesberg im Norden und von der Gottesstadt. — Aus alttestamentlichen Anspielungen läßt sich also nur mit großer Vorsicht der ursprüngliche Mythos, wie er Israels Umwelt bekannt gewesen sein mag, rekonstruieren.

---

[21] Vgl. zu v. 13 den Namen der Götterversammlung *pḫr mʿd* in 137, 14f. 20. 31 (CML 78f.), an deren Spitze El steht (137, 30ff.).

[22] Vgl. S. 56, Anm. 7. Wegen des Parallelismus verstehen J. de Savignac (VT 3, 1953, 95f.) und E. Vogt (Bibl. 34, 1953, 426) צָפוֹן als »bewölkter Himmel« (auch Hi 26 7f. u. a.). Ursprünglich scheint der Zaphon aber kein himmlischer Wohnsitz gewesen zu sein.

[23] Die Wörter haben in ihrer Ableitung nichts miteinander zu tun (S. 8, Anm. 20), konnten sich vielleicht aber trotz der Differenz von Aleph und Ajin vermischen. Eine solche Vermischung (von Eljon und Alijan) findet sich wahrscheinlich auch bei Philo von Byblos, vgl. Eissfeldt, RSuS 114—116 (dazu Baumgartner, ThR 1941, 88).

[24] Vgl. S. 8, Anm. 19.

c) Das Richtertum

»Richter« (*ṯpṭ*) ist nach einer Fülle von Aussagen der ugaritischen Texte zunächst Jam, dessen Beiname lautet: *ṯpṭ nhr* »Richter Strom«[1]. Ihm steht häufig der Titel *zbl jm* »Fürst Jam« parallel[2]. Mit Baals Sieg über Jam, der Baals Königtum begründet, ist aber auch das Richtertum auf Baal übergegangen. Jedenfalls rufen Anat und Aschera vor El aus:

mlkn.ảlỉjn.bʿl »Unser König ist Alijan Baal,
ṯpṭn.(w)ỉn.dʿlnh unser Richter! (Und) Niemand gibt es über ihm«[3].

So erscheint Baal als König und Richter, was auch der in den Ras Schamra-Texten mehrfach vorkommende Name *ṯpṭbʿl* »Baal hat gerichtet« bezeugt[4]. Dagegen tritt El in den mythologischen Texten nie als Richter auf, die Tätigkeit des *ṯpṭ* wird von ihm nie ausgesagt[5].

Was bedeutet überhaupt das Wort *ṯpṭ*? Um auf die Frage eine Antwort zu finden, muß man ein Tristichon beachten, mit dem einmal Mot, ein andermal Astar (?) gewarnt wird[6]:

l.jsʿ.ảlt.ṯbtk »Wahrlich, er (El) wird die Stütze (?) deines Sitzes herausreißen,
l jhpk.ksả.mlkk wahrlich, er wird deinen Königsthron umstoßen,
l jṯbr.ḫṭ.mṯpṭk wahrlich, das Szepter deiner Herrschaft zerbrechen!«

An all diesen Stellen[7] kann *ṯpṭ* nicht den Sinn von »entscheiden« oder

---

[1] 68, 15. 16. 22. 25. 27. 30; 129, 7. 21. 23; 137, 7. 22. 26. 28. 30. 34. 41 (CML 76 bis 83; TRS 47—53).

[2] 68, 14f. 16f. 22. 24f. (129, 22f.). *zbl jm* auch noch: 68, 7; 129, 8. 16. Der Titel erscheint nicht in Text 137.

[3] Vgl. S. 13, Anm. 17.

[4] Vgl. auch BAUDISSIN, Kyrios III, 585. »Dem punischen und anscheinend altkanaanäischen Namen שפטבעל entspricht der israelitische *šepaṭjahu, šepaṭjah* ... und in anderer Form *jehošapat* ... Daneben kommt nur II Chr 23 1 vor der Name *elišapaṭ* 'El richtet'« (dort S. 387). — Für ALBRIGHTS Satz (RI 89; ähnlich FOHRER, ThLZ 1953, 197), Baal sei »der Gott der Gerechtigkeit, der Schrecken der Bösewichter«, finde ich jedoch keine Begründung.

[5] Gegen KAPELRUD (BRST 63), der El nennt: »the head of the pantheon and from ancient times the king and the judge of the gods«; ähnlich KRAUS, BK XV, 198 u. a. — Auf eine Richtertätigkeit Els könnte höchstens noch der mehrfach bezeugte Eigenname *dnil* hinweisen.

[6] 49, VI, 27—29 (CML 114b; TRS 23); 129, 17f. (CML 76; TRS 48), wo der erste Stichos beschädigt ist (vgl. Hag 2 22). Möglich ist auch die Übersetzung als verneinte Frage: »Wird er nicht herausreißen ...?« — Eine passivisch formulierte Parallele zu den beiden letzten Stichoi bietet die Aḥiram-Inschrift, vgl. H. DONNER, Zur Formgeschichte der Aḥiram-Inschrift, WZ Leipzig III, 1953/4, Ges.- u. sprachw. Reihe Heft 2/3 (Festschrift A. ALT), S. 283—287; auch M. HARAN, IEJ 8 (1958) 19f.; RICHTER, ZAW 77 (1965) 68f.[108].

[7] Bezeugt sind weiter die Personennamen *jṯpṭ* und *mṯpṭ*, vgl. UM 338, Nr. 2061. In einem anderen Sinn wird *ṯpṭ* in 127, 34. 47; 2 Aq V, 8 verwandt, siehe S. 38.

»zum Recht verhelfen« haben, sondern nur »herrschen«, »regieren« meinen, während *mṯpṭ* dem deutschen Wort »Herrschaft« entspricht. Das folgt aus den Parallelismen von: 1. *ṯpṭ* und *zbl* »Fürst«, 2. *ṯpṭn* und *mlkn* »unser König«, desgleichen von *ṯpṭn* und *in dʿlnh* »niemand über ihm«, 3. *mṯpṭk* und *mlkk* »dein Königtum«. Zugleich zeigen *mlkn* »unser König« und *ṯpṭn* »unser Richter (= Herrscher)« in der oben angeführten Götterrede, über wen sich die Herrschaft erstreckt: nämlich die Götter selbst. Doch sind in diesem Herrschaftsbereich Erde und Menschen eingeschlossen[8].

Dieses Ergebnis verhilft zugleich zu einem neuen Verständnis von Jams Namen *ṯpṭ nhr* »Richter Strom«. KAISER urteilte: »Hinter dem Titel ‚Richter Strom' verbirgt sich, wie ALBRIGHT gezeigt hat, eine alte, aus Mesopotamien bekannte Sitte, in zweifelhaften Rechtsfällen ein Flußordal zur Klärung zu verwenden«. »Der Strom richtet den Menschen, indem er ihm seine Krankheit nimmt oder läßt, indem er die gegen den Menschen vorgebrachte Beschuldigung bestätigt oder verwirft.« Damit verbindet ALBRIGHT die andere Ansicht, *ṯpṭ nhr* weise Jam als denjenigen aus, der die Seelen Verstorbener am Ufer des die Welt umgebenden Meeresstromes richtet, bevor sie Zutritt in die Unterwelt erlangen[9]. Beide Deutungen beruhen auf Vorstellungen, die in den Ras Schamra-Texten selbst nicht bezeugt sind. Geht man aber von dem Parallelismus *ṯpṭ nhr* »Richter (= Herrscher) Strom« zu *zbl jm* »Fürst Meer« aus, kennzeichnet *ṯpṭ nhr* Jam als den, der herrscht (oder: herrschen will). Dieser Titel begegnet allein auf den Tafeln 129 und 68 — d. h. gerade dort, wo Jams Versuch, die Vormacht über die Götter an sich zu reißen, geschildert wird[10]! Da Jam zu einer bestimmten Zeit die Herrschaft über die Götter innehat bzw. sich diese durch Empörung erobern will, heißt er *ṯpṭ nhr* »Herrscher Strom«.

Diese Erklärung macht weiter das Verständnis von *nhr* als »Fluß« wenig wahrscheinlich. *ṯpṭ nhr* ist nicht für sich zu sehen, sondern im Zusammenhang mit *zbl jm*. Beide Titel besagen etwa dasselbe, indem sie Jam als Herrscher (über die Götter) benennen. So verbindet *nhr*

---

[8] Siehe S. 66f. Die Bedeutung von *mṯpṭ* als »Herrschaft« und *ṯpṭ* als »herrschen« im Kanaanäischen findet noch eine Stütze in dem Titel »Sufet«, der den beiden Männern zukam, die in Karthago die Exekutive innehatten (vgl. EHRENBERG, »Sufeten« in PAULY-WISSOWA, Realencyclopädie der class. Altertumswissenschaft II, 7, 643—651).

[9] KAISER, Meer 57f. (geändert ²1962); ALBRIGHT, IPOS 1936, 19f.: »It is on the bank of the River of Death that men are judged after decease, according to Babylonian conceptions. The transfer of the notion of trial by a river to ordeal by plunging into a river is very natural, though it is by no means impossible that the trial by ordeal in this way came first, and that the conception of the River of Death was modified by it« (20; vgl. DRIVER, CML 12⁷; GORDON, UL 11¹).

[10] Vgl. S. 10ff.

Jam kaum mit den Flüssen des Festlandes, sondern meint parallel zu *jm* die Meeresströmung (wie Ps 24 2 93 3 Jes 44 27 Jo 2 4).

Dem Gebrauch von *ṯpṭ* als »herrschen« steht die Bedeutung des hebräischen שׁפט entgegen, die kurz betrachtet sein soll. Auszugehen ist hier wohl von שׁפט בין ובין (Gen 16 5 Ex 18 16) und שׁפט בין (Gen 31 53) »entscheiden zwischen (den beiden Parteien), schlichten«. Häufig meint שׁפט »Recht schaffen, zum Recht helfen« (I Sam 24 16 II Sam 18 19. 31 Ps 43 1), besonders klar in einer Forderung wie Jes 1 17:

»Schafft dem Vaterlosen Recht,
führt den Rechtsstreit der Witwe!«

In gleicher Weise verwenden auch die Ras Schamra-Texte das Verbum. So erhebt Kerets Sohn gegenüber seinem Vater den Vorwurf:

ltdn.dn.álmnt	»Du führst nicht die Sache der Witwe,
lṯṯpṭ.ṯpṭ.qṣr npš	du schaffst nicht dem Machtlosen (?) Recht!«[11]

Umgekehrt wird Danel zugestanden:

jdn.dn.álmnt	Er führt die Sache der Witwe,
jṯpṭ.ṯpṭ.jtm	er schafft dem Vaterlosen Recht[12].

Demnach entspricht dem ugaritischen *ṯpṭ* im Deutschen sowohl »herrschen« als auch »Recht schaffen«.

Im Alten Testament umgreift שׁפט drittens die Bedeutungen »Recht sprechen« (Ex 18 13 I Sam 8 20) und schließlich »verurteilen«, »bestrafen« (I Sam 3 13).

Welcher Sinn ist dem Wort aber in Ps 96 13 (I Chr 16 33) und Ps 98 9 beizulegen? »Bäume (bzw. Berge) jubeln
vor Jahwe, wenn er kommt, zu richten die Erde.
Er richtet das Festland in Gerechtigkeit
und die Völker in seiner Zuverlässigkeit (bzw. in Geradheit).«

Hier fügen sich die angegebenen Bedeutungen von שׁפט allesamt schlecht ein: weder »entscheiden« noch »zum Recht verhelfen«, am ehesten noch »Recht sprechen«. Da aber das Verbum in dieser Verwendung ein personales Objekt (Israel, das Volk o. ä.) mit sich führt, fällt die Verknüpfung mit »Festland« stark auf. Zudem kann der mit diesem Begriff wie mit »Völker« aufgerissene kosmisch-universale Aspekt kaum als ursprünglich israelitisch gelten. Dagegen paßt die Wiedergabe durch »herrschen« sowohl in den beiden Versen als auch im Gesamtzusammenhang der Thronbesteigungspsalmen ausgezeichnet. Sollte sich in diesen Liedern, die auch sonst fremden Einflüssen offen waren, eine kanaanäische Tradition bewahrt haben? Wie Baal erscheint auch Jahwe hier als König und Richter[13].

---

[11] 127, 33f. 45—47 (CML 46; TRS 103). Zu *qṣr* vgl. קצר II »kurz sein«; bes. II Reg 19 26 Jes 37 27: קִצְרֵי יָד »machtlos, ohnmächtig«; auch Ex 6 9: קֹצֶר רוּחַ (KBL: »Verzagtheit«).

[12] 2 Aq V, 7f. (CML 52; TRS 70), vgl. die Rekonstruktion 1 Aq I, 23—25 (CML 58; TRS 76). Dabei sitzt Danel im Tor (V, 5f.), vgl. II Sam 15 2ff. Jdc 4 4f.

[13] Zu dem Objekt »die Erde« vgl. »Und er (Astar) wurde König auf Erden, Gott von ihrer Gesamtheit« (siehe S. 19, Anm. 61) und Baals Titel »Herr der Erde« (siehe S. 9, Anm. 21), auch S. 66.

Doch wird anscheinend die fremde Überlieferung vom göttlichen Beherrschen der Erde durch die Beifügungen »in Gerechtigkeit, in Zuverlässigkeit, in Geradheit« israelitisch erweitert und neu verstanden (vgl. auch Ps 9 9); gestaltet hier der alttestamentliche Glaube an Gottes gerechtes Wirken die kanaanäische Tradition um? Gehen dann aber nicht die Bedeutungen von »richten« und »herrschen« ineinander über?

Eine Stütze für den vermuteten Traditionszusammenhang bietet, wie mir scheint, Ps 82, der mit einem Ausruf schließt (v. 8):

»Erhebe dich, ‚Jahwe', richte die Erde;
denn dir sind alle Völker zu eigen!«

Das Danklied Ps 9 (vv. 8-9) verbindet ebenfalls in seinem hymnischen Teil Jahwes Thronen mit seinem Richten (wiederum: des Erdkreises und der Völker), fast in wörtlicher Übereinstimmung mit den entsprechenden Aussagen der Thronbesteigungspsalmen:

Erregt (?) ‚hat' ‚Jahwe' für immer sich niedergelassen,
hat seinen Thron zum Gericht aufgestellt.
Ja, er richtet das Festland in Gerechtigkeit,
er richtet die Völker in Geradheit[14].

So ist es immerhin möglich, wenn nicht wahrscheinlich, daß das Verbum שפט auch im Hebräischen die Bedeutung »herrschen« in sich birgt[15] und daß es sich bei dem hauptsächlich in den Thronbesteigungs-

---

[14] Zu v. 8 vgl. Kraus, BK XV z. St. משפט entspricht »Herrschaft«. Auch דִּין hat in v. 9 den Sinn von »herrschen«, so übersetzt Duhm (Komm. z. St.) »regieren«. Könnte sich auch in der Zuordnung von Jes 33 22: Jahwe ist »unser Richter, unser Gesetzgeber, unser *König*« eine Erinnerung des Zusammenhangs des göttlichen Richtens und Herrschens bewahrt haben? Wie steht es mit Gen 18 25 (»Richter der Erde«)? Hat שפט hier eine doppelte Bedeutung? Man vergleiche dagegen Ps 2 10 (148 11), wo »Richter der Erde« (wie im Ugaritischen parallel zu »König«) sicher im Sinne von »Herrscher« steht! Oder ist im »Herrschen« das »Richten« eingeschlossen?

[15] Die Ausgangsthese von H. W. Hertzberg (Die Entwicklung des Begriffes משפט im Alten Testament, ZAW 40, 1922, 256—287; 41, 1923, 16—76; auch K. Cramer, Amos, 1930, S. 165—167; Baudissin Kyrios III, 370ff.): »Für das Verbum שפט sind zwei Sinnmöglichkeiten als ursprünglich erkennbar« (»regieren« und »entscheiden«) hat vor allem L. Köhler (Der hebräische Mensch, S. 151, Anm. 9; vgl. auch Grether, ZAW 1939, 110—121) unter weitgehender Anerkennung anderer scharf abgelehnt. Kommt dem Wort dennoch die doppelte Bedeutung zu, wird man auch bei dem sonstigen Vorkommen von שפט hier und da der Übersetzung »herrschen« zuneigen, die an einigen Stellen (z. B. Mi 4 14) ja allgemein vertreten wird. So paßt etwa in Ps 75 8 »erniedrigen« und »erhöhen« eher zu einem Herrscher als zu einem Richter, vgl. noch Jes 40 23 u. a. Dem naheliegenden Versuch, die aus den ugaritischen Texten gewonnene Doppelbedeutung von שפט »richten« und »herrschen« auch für das Verständnis der großen charismatischen Rettergestalten in vorübergehenden Nöten der vorköniglichen Zeit oder der sog. »kleinen Richter« auszunutzen (oder gar ein den karthagischen Sufeten ähnliches Herrscheramt zu rekonstruieren), wird man besser mit Vorsicht begegnen, vgl. die im Lit.-verz. angeführten Arbeiten

psalmen auftretenden Nebeneinander von »Richten der Erde (und der Völker)« und Jahwes Königtum um einen im Kanaanäischen vorgegebenen Zusammenhang handelt. Jahwe ist wie Baal als König auch Richter[16].

Exkurs 1: Das Göttergericht. Psalm 82

Im Anschluß an die Erörterungen über שפט erfordert der schwierige Psalm 82 Beachtung. Nach J. Morgenstern ist das Mittelstück (v. 2-5b) an Menschen gerichtet. Erkennt man vorläufig diese Verse als einen Einschub, so tritt der Psalm um so klarer als Göttermythos hervor[1]. Inhaltlich entsprechen sie altisraelitischen Rechtsforderungen (etwa Ex 22 21f. 23 6f. Dtn 24 17; weisheitlich: Prov 22 22f. u. a.), wie sie später die Propheten aufgreifen (etwa Jes 1 17), und auch dem, was nach den Ras Schamra-Texten Aufgabe des (menschlichen) Königs ist. Auch formal erinnern v. 2ff. an eine prophetische Anklagerede mit Schuldaufweis (v. 2), Mahnung (v. 3f.) und Feststellung der Uneinsichtigkeit (v. 5). So seien die v. 2-5a zunächst von dem »Rest« abgesetzt, damit durch diese Aufteilung die Themen klarer hervortreten.

(Ein Lied Asaphs:)
1 ‚Jahwe' steht da in der Versammlung Els,
inmitten der Götter richtet er.
. . .
2 Wie lange wollt ihr ungerecht richten
und die Frevler begünstigen?
3 Schafft Recht dem Machtlosen und Waisen,
dem Elenden und Armen gebt Recht!
4 Rettet den Machtlosen und Bedürftigen,
aus der Gewalt der Frevler entreißt ihn!
5 Sie sind nicht verständig und sind nicht einsichtig!
In Finsternis wandeln sie einher!
. . .
Es geraten ins Wanken alle Grundfesten der Erde.

---

von Fensham, van Selms und Dus, neuerdings ausführlich Richter (Lit.). Meint שפט in Ps 96 13 98 9 tatsächlich »herrschen«, fallen diese Verse als Stütze für Würthweins These von einem kultischen Gerichtsakt (ZThK 1952, 1—16) fort. Desto auffälliger ist dann das Nebeneinander von Theophanie und Gericht in Ps 50 1-7 76 8-10 68 2-4. 6 (Mi 1 2ff.), da in Ps 96 98 die Theophanie fehlt.

[16] Auch andere Religionen kennen das Nebeneinander von Gotteskönigtum und Richtertum, vgl. etwa in einem Enlil-Hymnus (sumerisch): »Herr, Gott, König, Enlil, bist du, der Richter, der für Himmel (und) Erde die Entscheidung fällt, bist du« (A. Falkenstein, Sumerische Götterlieder I, S. 24. 77, Zl. 137f., Abhandlungen d. Hdb. Akad. d. Wiss., Phil.-Hist. Kl. 1959, Abh. 1) oder in einem Lied Nabonids an Schamasch (akkadisch): »Wenn du in deiner herrschaftlichen Zella auf dem Sitz deines Richtertums Platz nimmst, mögen die Götter deiner Stadt und deines Tempels dein Gemüt besänftigen!« (Falkenstein-v. Soden, Sumerische und akkadische Hymnen und Gebete, S. 288).

[1] Huca 1939, 31ff.; vgl. Schmid, ZAW 1955, 183f.; Gonzales, VT 1963, 293ff. Morgenstern trägt allerdings in das (später fortgefallene) Mittelstück den Mythos von Gen 6 1-4 ein: die Vereinigung mit den Menschentöchtern habe die Götter in den Bereich der Sterblichen geführt.

6 Ich dachte: Götter seid ihr
und Söhne Eljons ihr alle,
7 aber wie Menschen sollt ihr sterben
und wie einer der Fürsten fallen.
8 Erhebe dich, ‚Jahwe', richte die Erde;
denn dir sind alle Völker zu eigen!

Der größere (mythologische) Teil des Psalms reicht sicher in sehr frühe Zeit zurück; denn Parallelen aus ugaritisch-kanaanäischem Sprachgut drängen sich auf. Dort wird der Götterrat *ʿdt ilm* »die Versammlung der Götter«, ein andermal spezieller *dr il* »Kreis Els« genannt[2]. Der im Alten Testament meist zu dienenden Himmelswesen erniedrigte Hofstaat besteht hier noch aus den Göttern selbst (v. 1. 6). Die »Grundfesten der Erde« erscheinen als *msdt árṣ*[3]; *bn šrm* kommt parallel zu *ílm* »Götter« vor[4]. Zu v. 6f. mag man die Frage vergleichen: »Sind Götter (wie Menschen) sterblich?«[5]

Gemäß der Form zeigt der Psalm auch nach dem Inhalt, wörtlich genommen, ein sehr altertümliches Gepräge. In Els Thronrat steht Jahwe; ihm kommt das Richter- bzw. Herrscheramt zu (שׁפט), das nach den Ras Schamra-Texten Baal innehat (v. 1). So ist der Richtergott (hier: Jahwe) deutlich von dem Haupt der Götterversammlung (El) unterschieden. Die Tätigkeit des Richtens wird dem Wortlaut nach keinesfalls El zugesprochen. Der »höchste Gott« El Eljon, dessen »Söhne« die Götter sind (v. 6), ist nicht selbst der Richter; doch mag Israel durch Umdeutung des Wortlautes die mythische Szene anders verstanden haben. Deutet man nämlich v. 1a statt »Versammlung Els«: »Gottesversammlung«, so wird der Unterschied zwischen dem Richtergott und dem Monarchen im Götterrat aufgehoben und Jahwe erscheint wie auch sonst im Alten Testament als der höchste Gott. Nach v. 5b bringt die Gotteserscheinung die Erde zum Beben. vv. 6f. verkünden Jahwes Urteil: Die Götter werden wie Menschen sterben.

Der Schlußvers mit dem Anruf an den Richter (v. 8) fällt schon in Versmaß und Form aus dem Gesamtablauf heraus. Die durch Jahwes Weltherrschaft (v. 8b) begründete Bitte an ihn, tatsächlich einzugreifen, erscheint wie eine interpretatio Israelitica nach so viel fremdem Gut[6]. Israels Gott möge das, was man fremden Göttern entrissen hat und nun von ihm bekennt, doch wirklich verrichten und das bereits verkündete Gericht verwirklichen! Damit wird aus dem Gegenwartsgeschehen eine Hoffnung auf Zukunft. Hat so dieser Vers die gleiche Aufgabe wie v. 11 in Ps 29: in einem Gebet die

---

[2] Siehe S. 26.

[3] 51, I, 41 (CML 92b, Zl. 38), siehe UM 273, Nr. 833.

[4] 52, 2. 22 (CML 120), vgl. 52, 57 (CML 122b, Zl. 23); 75, II, 51. 52 (CML 72b, Zl. 49f.). DRIVER (CML 148a) übersetzt »chief, leader, prince«, AISTLEITNER (TRS 58f.): »Götterfürst«. Vielleicht ist auch (mit LØKKEGAARD, AcOr 1955, 12[1]) *mt.wšr* »der Mann und der Fürst« (Beiname Els?) in 52, 8 hierherzuziehen (anders GORDON, UM 330, Nr. 1884: »Death and Evil«; DRIVER, CML 121[6].) — Dennoch bleibt der Sinn von Ps 82 7b unklar; erinnert er an Gottwesen, die sich schon bei der Schöpfung wider Gott empörten und zur Erde gestürzt wurden (Jes 14 12-14 Ez 28 12ff; auch Lk 10 18?)? Genauso soll es den »Söhnen Eljons« ergehen.
Auch *ilhm* (v. 1b) begegnet im Ugaritischen (als Plural zu *il*?): 1, 3. 5. 9; 3, 12. 18, vgl. GORDON, UM 236 Nr. 108; AISTLEITNER, UGU § 32.

[5] 125 = II K I, 3. 18. 22. 105 (CML 40ff.; TRS 98ff.).

[6] V. 8 nimmt kanaanäische Tradition auf (vgl. S. 39), wandelt die Aussage aber in eine Bitte um.

zunächst fremdreligiösen Aussagen zu berichtigen? Beide Schlußsätze mögen in Israel seit jeher zu dem Psalm hinzugehört haben.

Wenn auch davon ausgegangen wurde, daß die v. 2-5a nicht zum Grundbestand von Ps 82 rechnen, sei doch versucht, den ganzen Psalm als ursprüngliche Einheit zu deuten. Literarisch läßt sich der Psalm aus mehreren Gründen nicht aufteilen: Durch das Hauptstichwort שׁפט, das sich durch den ganzen Psalm hindurchzieht, ist der Zusammenhang gegeben. Die Urteilsverkündigung (v. 6f.) läßt sich von ihrer Begründung in der Anklage (v. 2ff.) nicht trennen. Ja, die Anrede in v. 6 greift die Anrede von v. 2 auf; dabei kann offen bleiben, wer der Sprecher von v. 6f. ist. Am ehesten ist es doch der Beter von v. 1 und v. 8 — und nicht Gott selbst —, der seine Meinung änderte (»ich dachte — jetzt aber«).

Sollte darum traditionsgeschichtlich zwischen dem mythischen Rahmen und dem Mittelteil des Psalms zu unterscheiden sein? Daß schon ein kanaanäischer Mythos die Götter an ihrem gerechten sozialen Verhalten zum Menschen gemessen haben sollte, ist kaum denkbar. Bisher ist in den Ras Schamra-Texten (anders als im mesopotamischen Raum) nicht belegt, daß die Götter richterliche Funktionen gegenüber Menschen haben, erst recht nicht, daß die Mißachtung ihrer Aufgabe über ihr Gottsein, Leben oder Tod, entscheidet. Auch die Verurteilung der Götter durch den höchsten Gott kennen die ugaritischen Mythen nicht (zur Götterstrafe vgl. Jes 14 15 Ez 28 17). Ist v. 2ff. dann vielleicht eine israelitische Kritik an den anderen Göttern, eben deshalb, weil sie nicht in die menschliche Welt eingreifen? Was jene nicht leisten — Jahwe vermag es, dem Rechtlosen sein Recht zu schaffen (Ps 7 7ff. 10 12-18; vgl. Dtn 10 17f. I Reg 8 32 u. ö.). Auch Ps 58 2f. wirft den Göttern vor, daß sie nicht Recht sprechen, sondern das Unrecht fördern[7]:

Sprecht ihr wirklich Recht, ihr Götter?
Richtet ihr die Menschen recht?
Nein! Ihr handelt mit frevlerischem Herzen auf der Erde!
Der Gewalttat eurer Hände macht ihr Bahn!

Sind solche Aussagen aber als allein israelitisch möglich erkannt, dann folgt: Israel hat die fremden Götter an altisraelitischem (und prophetischem) Recht, an Jahwes Bundesordnung, gemessen. — Auch Deuterojesaja (Jes 41 21-28 u. a.) streitet gegen die fremden Götter, indem er ihnen vorwirft, sie hätten nicht die Macht, das auszuüben, was Jahwe vermag (vgl. noch Jer 10 1-16).

Die geschichtliche Verantwortung für die Rechtlosen wurde anscheinend in den Göttermythos eingetragen. So mag sich das Nebeneinander von mythischem Gut und prophetischer Gerichtsrede erklären. Ist damit aber nicht der Mythos gesprengt? Der Psalm ist als ganzer nur in Israel denkbar; denn er erhebt Anklage gegen die Götter *insgesamt*, indem er sie für ihr Unrecht, die Begünstigung des Frevels, zur Verantwortung zieht. Hier setzt sich Israel mit der kanaanäischen Religion und ihren Göttern auseinander — mit dem Ziel, die Götter zu entmachten, ihnen ihre Gottheit zu rauben. So verkünden v. 7 den Tod der Götter und v. 8 die Weltherrschaft Jahwes.

Sollten diese zugestandenermaßen unsicheren Vermutungen zutreffen, so würde Israel in Ps 82 einen kanaanäischen Mythos aufgreifen (v. 1), um innerhalb der mythischen Vorstellung als einem Rahmengeschehen den Göttern ein Gerichtsurteil zu sprechen — nach israelitischem Rechtsmaß (v. 2-4). Nachdem die Uneinsichtigkeit

[7] Die Konjektur אלים statt אלם ist allgemein anerkannt. In v. 3 lies עָוֶל (siehe BHK). Zu פלס vgl. KBL s. v.

der Angeklagten offenbar ist (v. 5), erfolgt die Verurteilung: die Götter werden wie die Menschen für sterblich erklärt (v. 6-7).

Ob die Übernahme des Mythos einen Bedeutungswandel von שפט mit sich brachte? Während in v. 8 das Verb den Sinn von »herrschen« (über die Erde; v. 1: in der Götterversammlung) haben mag, heißt es in v. 2-4 »Recht schaffen«.

d) Der Kampf gegen die Feinde

Der Überblick über den Inhalt des Baalmythos lehrte bereits, daß Baals Königtum kein ruhend-bestehendes, nicht statisch, sondern dynamisch ist. Der Gott gewinnt sein Königtum im Kampf gegen Feinde, bleibt aber von ihnen bedroht.

Als Košer-waChassis Baal zum Kampf gegen Jam die machtvollen Waffen überreicht und ihm ewiges Königtum vorhersagt, verkündet er ihm[1]:

ht.ibk.bʿlm	»Ha, deine Feinde, Baal,
ht.ibk.tmḫṣ	ha, deine Feinde wirst du erschlagen,
ht.tṣmt.ṣrtk	ha, du wirst deine Gegnerschaft zum Schweigen bringen!«

Obwohl Baal seinen ärgsten Gegner, Jam, besiegt, ist seine Königsherrschaft nicht gesichert. So fährt Anat unruhig erschrocken auf, als Baals Boten sie aufsuchen[2]:

---

[1] 68, 8f. (CML 80), vgl. Ps 92 10.

[2] *ʿnt* III, 34 — IV, 48 (CML 86b, III, 52 — IVa, 4; TRS 27f.). Zl. 35ff.: »l« kann auch als Verneinung von Fragesätzen aufgefaßt werden: »Erschlug ich nicht . . .?« (vgl. Jes 51 9f.). Zu *šljt* vgl. שַׁלִּיט (KBL s. v.); zu *árš* 62, 50 = I AB VI, 13 (CML 114b), wo *árš* parallel zu *tnn* steht; doch ist die Ableitung unklar. Zieht man *ṣ* von *ṣmt* zu *ár(ṣ)* und übersetzt »Liebling der Erdgötter« (vgl. 67, V, 6), so wird der Parallelismus zu v. 35f. *mdd il.jm* »Liebling Els, Jam« zerstört. Die Erde ist als Gottheit nicht bezeugt, so daß die Übersetzung »den Liebling Els, die Erde« ausscheidet. Ich fasse *ilm* in v. 40. 42 als *il* mit enklitischem *ma* auf (vgl. den Parallelismus zu Zl. 41. 43). Zu *šbm* (Zl. 37) vgl. S. E. LOEWENSTAMM, IEJ 9 (1959) 260f., zu *ṣmt* vgl. צמת (KBL s. v.) und oben Text 68, 9, zu *ʿtk* CML 140; zu *žbb* שָׁבִיב (KBL s. v.) und aram. שְׁבִיב, zu *itrṯ* vgl. ירשׁ. — Die v. 44ff. (o. S. 30) können nicht Aussagen über Anat selbst sein, da sie im Mot-Zyklus Baals Helferin ist, und müssen deshalb als Näherbestimmungen einer zuvor genannten Person (am ehesten des letzten Substantivs) aufgefaßt werden, so daß sich im Deutschen ein Relativsatz ergibt. Die Übersetzung von *ḫrṣ* mit »Gold« ist dann wenig sinnvoll. Der Inhalt paßt am besten auf Jam, so daß sich die Wiedergabe durch »Flut« (arab. *ḫariṣ*) sehr empfiehlt (mit GRAY, LC 39[3]; gegen KAISER, Meer 75, geändert [2]75f.). Das Ende greift mit der gleichen Frage (Zl. 34f. 48) eindeutig den Anfang wieder auf. — Es liegt nahe, *il* in v. 41ff. als »mächtig, ungeheuer« zu verstehen, doch wird dann *bt il* schwierig (»die Ungeheuere«?). Die Tempora wechseln auffällig (vgl. Ps 77 17 93 3). AISTLEITNER (TRS 27f.) bestimmt die Verbformen als 2. Person, muß dann aber die eingestreuten Imperfektformen (Zl. 37. 43) als 1. Person verstehen, was die Parallelstruktur und die Geschlossenheit der ganzen Rede aufhebt.

34 *mn.íb.jp(ʿ) lbʿl*	»Welcher Feind erhob sich gegen Baal,
*ṣrt.*35 *lrkb.ʿrpt*	(welche) Gegnerschaft gegen den Wolkenfahrer?
*lmḫšt.mdd.*36 *íl.jm*	Wahrlich, ich erschlug den Liebling Els, Jam.
lklt.nhr.íl.rbm	Wahrlich, ich machte Nahar, dem starken Gott, ein Ende.
37 *lištbm.tnn.íšbm(n)h*	Wahrlich, ich zügelte Tannin, zügelte ihn.
38 *mḫšt.bṯn.ʿqltn*	Ich erschlug die gewundene Schlange,
39 *šljt.d.šbʿt rášm*	den Machthaber mit sieben Köpfen.
40 *mḫšt.mdd ílm.ár(š)*	Ich erschlug den Liebling Els, das Ungeheuer (?).
41 *ṣmt.ʿgl.íl.ʿtk*	Ich brachte zum Schweigen den Jungstier Els, den Streitsüchtigen.
42 *mḫšt.klbt.ílm íšt*	Ich erschlug die Hündin Els, das Feuer.
43 *klt.bt.íl.žbb*	Ich machte ein Ende der Tochter Els, der Flamme.
ímtḫṣ 44 *wítrṯ.ḫrṣ*	Ich erschlug und unterwarf die Flut,
*trd.bʿl.*45 *bmrjm.ṣpn*	die Baal von den Höhen des Zaphon vertrieb,
*mšṣṣ kʿsr.*46 *údnh*	die wie einen Vogel seine Herrschaft verjagte (?),
grš h.lksí.mlkh	die ihn von seinem Königsthron verstieß,
47 *lnḫt.lkḫṯ.drkth*	von der Ruhestatt seines Herrschaftssitzes.
48 *mnm.íb.jpʿ.lbʿl*	Welcher Feind erhob sich gegen Baal,
ṣrt.lrkb.ʿrpt	(welche) Gegnerschaft gegen den Wolkenfahrer?«

In dieser Prahlrede mißt Anat auffälligerweise sich selbst zu, all diese Ungeheuer bezwungen zu haben. Demgegenüber lautet einmal die Botschaft Mots: Mag Baal auch Leviathan erschlagen haben, er muß nun hinabsteigen »in den Schlund des Sohnes Els, Mot«[3].

ktmḫṣ.ltn.bṯn.brḥ	»Wenn du (auch) Leviathan erschlugst, die flüchtige Schlange,
tklj.bṯn.ʿqltn	der gewundenen Schlange ein Ende machtest,
šljṭ.dšbʿt.rášm	dem Machthaber mit sieben Köpfen«[4] . . .

Wie Anat — als Gefährtin und Gattin Baals — hier den Drachenkampf von sich erzählt, so gilt Aschera als Schöpferin wie ihr Gemahl El als Schöpfer (vgl. S. 59f.), und Astarte redet von Jam als »unserem Gefangenen«, den nur Baal überwältigt hat (vgl. S. 12, Anm. 11).

[3] 67, I, 7 (CML 102b; TRS 14): *bnpš.bn.ílm.mt.*

[4] 67, I, 1—3 (CML 102b; TRS 14). *k* = »denn, als, wenn« ist hier im Zusammenhang am besten konzessiv »wenn auch, obwohl« zu nehmen.

Der Anfang eines neu gefundenen Bruchstücks nennt ebenfalls Baal den Überwinder des Drachens:

m)ḫṣ.bʿl(....)j.tnn »(Als) Baal Tannin erschlug«[5] ...

Sind die erwähnten (Un-)Wesen nun verschieden oder identisch? Während der Übergang vom Maskulinum ins Femininum gegen Ende (ab Zl. 42) der langen Aufzählung *ʿnt* III, 34ff. der Gleichsetzung entgegensteht, spricht manches andere für sie. Nach 67, I, 1ff. stimmen Leviathan und die gewundene Schlange, nach *ʿnt* III, 34 ff. stimmt diese wieder mit Tannin überein. Daß die Aufzählungen nie jeweils alle Namen umfassen, erklärt sich am leichtesten, wenn sie dasselbe Wesen bezeichnen. Mitten in der »Liste« *ʿnt* III, 34ff. taucht in Zl. 40 der Titel *mdd il* »Geliebter Els« auf, der sonst ein Beiname Jams ist[6], und am Ende (Zl. 44ff.) wird die Aussage über Jam vom Anfang (Zl. 35f.) aufgegriffen. Schließlich erwartet man bei Mots Antwort an Baal in 67, I, 1ff. am ehesten einen Hinweis auf Baals schweren Kampf gegen Jam: »Wenn du auch Jam besiegtest, mir mußt du doch in die Unterwelt folgen«, so daß man auch hier auf die Einheit Leviathan-Jam, des Meeresgottes mit dem Meeresdrachen, schließen kann. Der Mitteilung von Text 1, 13; 9, 6, nach der Jam Opfer dargebracht werden, wird man entnehmen können, daß Jam im ugaritischen Pantheon ein Gott ist[7]. Könnte Jam trotzdem das Aussehen eines Ungeheuers haben?

Solange weitere Texte nichts von einem Drachenkampf schildern, wird man an der Identität festhalten; eine gewisse Unsicherheit bleibt aber durch den Stil des Parallelismus[8]. Oder sollten gar zunächst verschiedene Wesen später gleichgesetzt worden sein?

---

[5] PRU II, 1, 1. — Vielleicht wird Anat in dem Fragment PRU II, 3, 7—10 mit Tannin verbunden.

[6] *mdd il* als Titel Jams: 51, II, 34; VI, 12; VII, 3 (CML 94—100); *ʿnt* III, 36 (s. o.). Beachte besonders *ʿnt pl* X, IV, 20 (CML 74b; TRS 34), wo Jam = Jaw den Titel *mdd il* als Ehrennamen erhält. Einmal heißt allerdings Mot *mdd il* in 51, VIII, 23f. (CML 102a), der sonst allein den Namen *jdd il* »Liebling Els« trägt: 67, I, 8. 13; II, 9 (CML 102—104); 51, VII, 46f. 48; VIII, 32 (CML 100—102); 49, VI, 31 (CML 114b).

[7] So Kapelrud, BRST 102; Kaiser, Meer 58 (75f. 145ff.). Die Vermutung wird dadurch bestätigt, daß sich im Ugaritischen neben Eigennamen wie *ʿbdil*, *ʿbdbʿl*, *ʿbdʿṯtr* auch *ʿbdjm* »Sklave des Gottes Jam« findet (vgl. de Langhe II, 305f. 351).

[8] Entsprechend schreibt Gunkel zu Jes 51 9f.: »Bei der Eigentümlichkeit des hebräischen Stiles wird uns aus dieser Stelle nicht deutlich, ob der Prophet ein Ungeheuer, den Drachen Rahab, oder zwei Wesen, Rahab und den Drachen, meine« (Schöpfung und Chaos 32). Dagegen kommt Humbert nach einer Gesamtüberschau über die alttestamentlichen Stellen zu dem Schluß: »Donc le ‚serpent fuyard‘, Rahab, Léviathan, l'Océan (= Tiâmat) et le tannîn sont tout autant de désignations d'un seul et même ennemi de Yahvé« (AfO 1936, 236), desgleichen für die Ras Schamra-Texte: »L'équation *tnn*-Lotan et *tannîn*-Léviathan figure donc de part et d'autre, dans le

Wie die Texte Baal in ständig neu ausbrechendem Machtkampf mit seinen Feinden schildern[9], so zeigen ihn auch die Abbildungen. »In den figürlichen Darstellungen von Ras Schamra erscheint Baal immer in Kampfstellung«[10].

In Baals Auseinandersetzung mit seinem Hauptgegner Jam könnte man zunächst eine bloße Parallele zu *Enuma eliš* erkennen. Doch: »Man wird mit Nachdruck auf den Unterschied zwischen der babylonischen Tiamat-Mythe und der ugaritischen vom Kampf zwischen Baal und Jam hinweisen müssen: Der Kampf zwischen Marduk und Tiamat erfolgt vor der Schöpfung der Welt. Der Kampf zwischen Baal und Jam setzt offensichtlich die Welt bereits voraus. Der Sieg begründet das Königtum Baals über die Erde, aber er schafft diese Erde nicht«[11]. Worin ist aber diese Abweichung begründet? In den Ras Schamra-Texten sind Schöpfung und Drachenkampf das Werk zweier verschiedener Götter!

Da El und nicht Baal selbst als Schöpfer galt[12], klafft ein großer Unterschied zwischen dem Baalmythos und *Enuma eliš*, wo Marduk aus der erlegten Tiamat Himmel und Erde bildet. Wenn aber in Kanaan der Schöpfergott ein anderer (El) als der Vegetationsgott ist, der Urflut und Drachen bezwingt, stirbt und aufersteht, Leben nimmt und gibt (Baal), dann darf man für das Alte Testament keineswegs voraussetzen, daß Anspielungen auf den Drachenkampf Schöpfungsaussagen sind; vielmehr sind beide nur dann zu identifizieren, wenn sie auch zusammen erwähnt werden.

Besonders klar tritt die Sonderung des Meereskampfes wohl in dem Thronbesteigungspsalm Ps 93 hervor. Inmitten des Bekenntnisses zur Verläßlichkeit Jahwes (v. 1 f. 5) steht der hymnische Preis auf seine Bezähmung des Meeres (v. 3 u. 4); Jahwe hat sein Königtum und seine Macht auch über die Urfluten erwiesen:

Es erhoben die Ströme, Jahwe,
es erhoben die Ströme ihr Donnern.
Es erhoben die Ströme ihr Tosen.

---

mythe phénicien comme dans l'Ancien Testament et ce parallélisme vient encore à l'appui de l'unité du serpent *brḥ* et du serpent *ʿqltn* dans les textes d'Ougarit aussi bien que dans Esaïe 27, 1« (S. 236f.).

9 Vgl. noch 51, VII, 36f. (CML 100b; TRS 45); 76, II, 24f. (CML 116b; TRS 53). Auch Anats Blutbad in *ʿnt* II (CML 84; TRS 25f.) könnte Feinde Baals treffen.

10 Virolleaud, Eranos-Jahrbuch 1939, 40, Anm. 1. Vgl. dazu die Stele (s. u. Anm. 15) und zwei Statuetten (Syria 10, 1929, Pl LIII = ANEP 481; Syria 17, 1936, Pl XXI), dort Figur 1—3.

11 Kaiser, Meer 76 und ²145; anders Kapelrud, NTT 61, 1960, 241—251.

12 Vgl. den Exkurs S. 49—52; zum Folgenden jetzt auch Jeremias, Theophanie 92ff.

Als das Donnern starker Wasser,
als die mächtigen Brandungen des Meeres
mächtiger ist Jahwe in der Höhe[13].

Vermißt man den Hinweis auf die Schöpfung nicht mehr, so erkennt man hier mehr als nur »Nachklänge des Mythos« (GUNKEL). Man wird an Baals Streit mit Jam-Nahar erinnert, wenn hier Jam (v. 4) und die Ströme (*nhr* im Plural) erscheinen.

Auch Ps 77 17-19 nimmt nicht auf die Schöpfung Bezug. Hier untermalen die mythischen Züge Jahwes Rettungstat bei der Herausführung aus Ägypten (v. 16. 20), um in und mit den geschichtlichen Erinnerungen seine Unvergleichlichkeit (v. 14) kundzutun. Wie in Ps 93 sind die Anspielungen auf den Meereskampf durch die im Alten Testament seltene Dreigliedrigkeit des Verses von der Umgebung abgehoben und stellen sich schon dadurch als ein übernommener Abschnitt heraus.

Es sahen dich die Wasser, Jahwe,
es sahen dich die Wasser, erbebten,
ja, die Urfluten erschraken.

Es ergossen Wasser die Wolken,
Donner gab das Gewölk,
ja, deine Pfeile flogen umher.

Deines Donners Tosen durch den Wagen!
Es erleuchteten die Blitze das Festland,
es erbebte und schwankte die Erde[14].

Gerade diese Verse »gedenken« (v. 12) außer an den Meereskampf (v. 17) auch an Gewittererscheinungen (v. 18 f.; vgl. Ps 144 5 f. 18 8 ff. u. a.) und beschwören so das Bild Baals herauf, wie ihn etwa eine Stele[15] zeigt: eine Keule in der Rechten und den Blitz, gleich einer Lanze wiegend, in der Linken — so steht er, triumphierend aufgereckt, über dem Meer. Als Donnergott stellt er sich vor; denn Blitz

---

[13] Zu dem Tempuswechsel im 3. Glied von v. 3 vgl. etwa Ps 77 17 f. Da der masoretische Text von Ps 93 4 zwar ungewöhnlich, aber doch möglich und sinnvoll ist, sollte man ihn so festhalten, zumal ein dreigliedriger sog. »repetierender« Parallelismus a—a—b entsteht. Solche Tristichoi, wie sie besonders klar in Ps 93 3. 4 77 17 ff. hervortreten, sind durch die Ras Schamra-Texte als Charakteristikum kanaanäischer Dichtung erwiesen, vgl. GORDON, UM 109 ff.; jetzt JEREMIAS, Theophanie 27.

[14] Das Rad (v. 19) ist pars pro toto für den Kriegswagen, vgl. Jer 47 3 Ez 26 10 und GUNKEL z. St. Läßt sich auch dieser Zug mit Baal, »dem Wolkenfahrer«, verbinden (vgl. S. 84 f.)? Zu *thmt* in den Ras Schamra-Texten vgl. S. 7, Anm. 13 und GORDON, UM 332, Nr. 1925, bes. 52, 30 (CML 122a) *thm* parallel zu *jm*.

[15] Vgl. SCHAEFFER, Ugaritica II, Pl XXIII (dazu S. 121—130); Syria 14, 1933, Pl XVI; ANEP 490. Die Deutung auf das Meer geht auf KAISER (Meer 73) zurück.

und Donner sind seine, von ihm selbst geschaffenen[16] Waffen. Dazu seien noch zwei Textstellen verglichen:

wtn.qlh.bʿrpt	Und erheben wird er (Baal) seine (Donner-)-Stimme in den Wolken,
šrh.lárṣ.brqm	die Blitze zur Erde losschießen[17].
	Oder:
qlh.qdš.b(ʿl.j)tn	Baal erhebt seine heilige (Donner-)Stimme[18].

Die auffällige Vermischung der beiden mythischen Züge von Meereskampf und Gewittertheophanie erklärt sich leicht als Aufnahme von Baaltradition.

Auch das Volksklagelied Jes 51 9-15 erinnert zu Beginn an Jahwes Ringen mit Meer und Drachen, ohne in ihm einen Schöpfungsakt zu sehen.

9 Recke dich, recke dich, wappne dich mit Kraft, Arm Jahwes!
Recke dich wie in den Tagen der Vorzeit, bei den Geschlechtern der Urzeiten!
Bist du es nicht, der Rahab zerhieb, der Tannin durchbohrte?
10a Bist du es nicht, der das Meer austrocknete, die Wasser der großen Urflut?

In v. 10a gehen die Vergegenwärtigung der Erlösung am Schilfmeer, die in 10b noch stärker hervortritt, und die mythische Vorstellung ineinander über. Während die Klage nach dem Hilferuf (v. 9a) in der Frage (v. 9b-10) beispielhaft an Jahwes Machterweis im Kampf gegen den Drachen erinnert, um Gott zum Einschreiten zu bewegen, erwähnt erst die Heilszusage v. 12 f. — das Orakel ist von dem Klagelied abzuheben — die Schöpfung. Die Sprache ist ganz anders: Jahwe »spannte den Himmel aus und gründete die Erde« (v. 13). Gerade hier fallen Drachenkampf und Schöpfung deutlich auseinander. Sollte der Prophet Deuterojesaja trotzdem die mythischen Anklänge von v. 9 ff. als Schöpfungstat verstehen, wie er sonst in hymnisch-weisheitlichem Stil von der Schöpfung her argumentiert (40 12ff. u. a.), so zeigt doch die Ausdrucksweise deutlich, daß Meereskampf und Schöpfung zwei verschiedenen Aussagebereichen entstammen. Überträgt Israel auch El- und Baaltraditionen auf Jahwe, so hat sich jene Unterscheidung in Vorstellung und Sprache doch weithin durchgehalten, wie noch andere Texte belegen.

---

[16] *ábn brq* »ich schaffe den Blitz« (*ʿnt* III, 23 = CML 86a, Zl. 41). Die Übersetzung ist allerdings umstritten; anders F. Ch. Fensham, JNES 18, 1959, 273f.; vgl. W. Zimmerli, BK XIII, 685.

[17] 51, V, 70f. (CML 96b, Zl. 8f.; TRS 41). *wtn* ist Infinitiv von *jtn* oder Schreibfehler für *wjtn*. Zu נתן קל »donnern« vgl. Ps 18 14 68 34 u. a. *šrh* ist umstritten: שׁרה »(Donner) loslassen« in Hi 37 3.

[18] 51, VII, 29 (CML 100b; TRS 45); weitere altorientalische Texte zu Gewittererscheinungen bei Jeremias, Theophanie 73ff.

Weiter nennt Jes 27 1 allein den Streit mit der Urschlange. Zwar ist dort nach dem Schema »Urzeit gleich Endzeit« der Mythos einer Apokalypse eingefügt, doch stimmt gerade Jes 27 1 aus dem gesamten Alten Testament mit einem ugaritischen Drachenkampftext am meisten überein. Man stelle nur Text 67, I, 1—3[19] daneben!

An jenem Tage wird Jahwe heimsuchen mit seinem Schwert,
dem harten, großen und starken,
Leviathan, die flüchtige Schlange, und Leviathan,
die gewundene Schlange,
und töten Tannin, der im Meer (haust).

Nah 1 3 f. verbindet Jahwes Erscheinung im Sturm mit dem Meereskampf, wie sich in Hab 3 (bes. v. 8) eine Gewittertheophanie mit Kriegswagen, Pfeil und Bogen und der Meereskampf zusammenfinden. Zwar bedient sich auch Marduk des Sturmes als einer Waffe (*Enuma eliš* IV, 45ff.), da aber in Nah 1 und Hab 3 eine Schöpfungsaussage fehlt, nehmen beide Stellen eher Vorstellungen des Wettergottes Baal auf, zumal das feindliche Meer wie in Ugarit unter dem Namen »die Ströme« (Nah 1 4 Hab 3 8; vgl. Ps 93 3) erscheint. Schließlich mögen Ps 18 8 ff. und Jes 17 12 f. Baal-Traditionen aufgreifen.

Die Einsicht, daß in Kanaan (Ugarit) Schöpfung und Meeres- bzw. Drachenkampf nicht demselben Gott zugeschrieben werden, vielmehr El als Schöpfer gilt und Baal den Streit mit dem Meeresdrachen zu bestehen hat, wird insofern durch das Alte Testament bestätigt, als etliche Hinweise auf den Drachenkampf keine Anspielung auf die Schöpfung enthalten. Erkennt man in ihnen Ein- und Nachwirkungen des babylonischen Mythos *Enuma eliš*, so bleibt ganz unverständlich, warum gerade der Höhepunkt des mythischen Geschehens, die Erschaffung der Welt nach dem Chaos, fehlt. Deshalb sind hier vielmehr die kanaanäischen Mythen als Vorbilder anzunehmen, was durch den engeren Wortanschluß und die gleichen Namen der Seeungeheuer gestützt wird.

Wie aber Jahwe Baal den gewaltigen Machterweis des siegreich bestandenen Meereskampfes entriß, so konnte er entsprechend El die Erschaffung von Welt und Menschen nicht belassen. Trafen in Jahwe die Bereiche beider Götter zusammen, so konnten Schöpfung und Drachenkampf miteinander verknüpft werden. Dabei mag babylonischer Einfluß mitgespielt haben. Oder gab es gar — nicht erhaltene — kanaanäische Mythen, die beide Gottestaten verbanden?

---

[19] Vgl. S. 44, Anm. 4. (Dabei wurde in Jes 27 1b Tannin zu einem Lebewesen *im* Meer.) Dies Beispiel veranschaulicht unter vielen anderen, wie stark das Alter der Aussage und des Textes selbst auseinanderklaffen können, wie wenig ein großer Zeitunterschied bei Motivvergleichen besagen kann (siehe noch S. 53). Mythische Motive tauchen gerade in sehr frühen und sehr späten Texten auf, so daß sie als solche keinen Rückschluß auf das Alter des Textes zulassen.

So bleiben für Ps 74 12-17 und 89 10-15 verschiedene Erklärungsmöglichkeiten offen. Der allgemeine Satz von Ps 74 12:

»Aber du, Jahwe, bist mein König von Urzeit an,
der Heilstaten vollbringt auf Erden«

wird entfaltet durch die Tradition des Meereskampfes (v. 13f.) und die Schöpfung (v. 16f.), während v. 15 anscheinend wiederum die mythische Vorstellung mit der Exodusüberlieferung verknüpft. — In Ps 89 wird nach dem Lob durch die himmlischen »Heiligen« (v. 6—8) ähnlich wie in Ps 77 14ff. Jahwes Unvergleichlichkeit unter den Gottwesen (v. 7. 9) zunächst mit der Überwältigung des Meeres (v. 10f.) begründet; es folgen Aussagen über die Schöpfung der Welt (v. 12f.) und der in Syrien-Palästina bekannten Gottesberge, die Baalkultstätten waren (v. 13). Hier ist die Vorstellung vom himmlischen Hofstaat, den »Söhnen Els« (vgl. v. 7b), mit dem Meereskampf verbunden. — Der Übergang vom Geschehen auf der Erde über den Meereskampf zur Schöpfung in Ps 74 12ff.[20] wie die Gesamtkomposition von Ps 89 mit dem häufigen Themenwechsel deuten doch wohl auf eine Traditionsmischung hin[21]. Sicher sind auch hier Elemente kanaanäischer Mythologie vorhanden — so erinnert etwa die Mehrköpfigkeit Leviathans in Ps 74 14 an die sieben Köpfe der gewundenen Schlange in 67, I, 1—3 —, aber das Nacheinander von Drachenkampf und Schöpfung ist nicht kanaanäisch, soweit es die Ras Schamra-Texte zeigen.

Wie sich aus den Anklängen im Alten Testament ergibt, daß der Drachenkampfmythos in sich nicht einheitlich ist, vielmehr »in vielen Varianten bestanden haben« wird[22], so ist auch sein Ursprung kaum einheitlich, sondern liegt in verschiedenen Kulturkreisen. Da die Kanaanäer Israels engste Nachbarn waren, haben die Israeliten sicher bei ihnen nach der Landnahme Mythen kennengelernt, wie sie die Ras

[20] Da nach Ps 74 12 die Heilstaten »auf der Erde« geschehen, könnte der Drachenkampf in v. 13ff. die Schöpfung voraussetzen, so E. König, Die Psalmen, 1927, S. 671f.; H. Junker, Mélanges bibliques (Festschrift A. Robert), o. J., S. 29f. Oder werden »hier nur Taten Jahwes nebeneinandergestellt, die der Beter besingt, ohne daß er sich über eine chronologische Ordnung Gedanken macht« (Jeremias, Theophanie 94)?

[21] Anders als Kaiser (Meer 143—145) möchte ich von Hi 26 12f. nicht annehmen, daß es sich in v. 12 um einen Kampf gegen Rahab vor der Schöpfung und in v. 13 gegen die flüchtige Schlange nach der Schöpfung handelt. Vielmehr werden hier Rahab und die flüchtige Schlange identisch sein. V. 13a »Durch seinen Atem fegt er den Himmel blank« ist die Folge des Sieges über den Drachen: der Himmel, gegen den der Drache anstürmte, ist nun wieder frei. Damit enthält das Kapitel Hi 26 doch eine »systematische Reihenfolge«: nach der Schöpfung (v. 7ff.) der Drachenkampf, der also wie in Ugarit die Schöpfung voraussetzt. — Auch in Ps 104 folgt die Bezähmung des Meeres (v. 6-9) der Schöpfung (v. 2-5). Aussagen über die Ordnung in der Natur schließen sich an.

[22] Gunkel, Schöpfung und Chaos 43, vgl. 86ff.

Schamra-Texte aufweisen. Doch ist damit keinesfalls anderer Einfluß, etwa durch Mesopotamien[23] und Ägypten[24], ausgeschlossen. Dieser Einfluß ist direkt oder indirekt — über Kanaan — denkbar. Ist etwa ein Anhaltspunkt darin zu sehen, daß die Ras Schamra-Texte, die alle anderen im Alten Testament erwähnten Meeresungeheuer kennen, Rahab nicht erwähnen? Doch geht es hier nicht um den Aufweis von möglichen Nebenströmen außerhalb des mythischen Hauptstromes aus Kanaan, sondern um die Feststellung, daß Jahwe wie Baal seine Herrschaft gegen andringende mythische Feinde aufgerichtet hat; ein Zusammenhang ist unbestreitbar. Auch im Alten Testament kann Jahwes Königtum zusammen mit dem Sieg über das Urmeer erscheinen, vgl. Ps 93 29 3. 10 74 12 ff.

Die Anspielungen auf den Meeres- und Drachenkampf haben ihren eigentlichen Ort im Hymnus und sind von da aus gerne in das Klagelied übernommen worden[25]. Mythos und Hymnus zeigen häufig eine gewisse Nähe zueinander, weil einerseits auch der Mythos Gott loben will und andererseits der Hymnus zur Begründung des Lobpreises Gottes Taten erzählt.

Was geschah aber bei der Übernahme des Mythos in das Alte Testament?

1. Indem Israel den Meereskampfmythos auf Jahwe übertrug, entzog es einer fremden Gottheit die Berechtigung, mit diesem

[23] Vgl. die Parallelen zwischen dem Drachenkampf im Alten Testament und *Enuma eliš*, die HUMBERT (AfO 1936, 236) aufzählt.

[24] Deuten gar Ps 87 4 (89 11 ?) Jes 30 7 (51 9 ?), wo Rahab als Deckname für Ägypten erscheint, auf dieses Land? GUNKEL hat gerade die mythische Einwirkung aus Ägypten nicht gering angeschlagen (Schöpfung und Chaos 90. 75 u. ö.); vgl. aber KAISER, Meer 37—39. 140ff. Sollte Ps 104 babylonisch-mythische und ägyptisch-hymnisch-weisheitliche Schöpfungstraditionen miteinander verbinden?

[25] Der Chaosdrachenkampfmythos kommt mehrfach innerhalb eines Klageliedes vor, aber meist in hymnischen Zusammenhängen: Ps 74 13f. in dem hymnischen Mittelstück v. 12-17; 77 17-19 in dem hymnischen Anhang v. 12-21; 89 10f. in der hymnischen Einleitung v. 1-19. Ps 93 (v. 3f.) trägt insgesamt hymnischen Stil. Schließlich begegnen Anspielungen auf den Kampf mit dem Urmeer in den Hymnen Ps 29 (v. 3. 9) und 104 (v. 6f.). Läßt sich da folgender Schluß umgehen? »Der Mythus war von Anfang an in Israel ein Hymnus auf Jahve. Der Jahvehymnus ist daher die eigentliche Stätte, wo man den Drachenkampf zu zitieren pflegt: ein schönes Beispiel Ps 89« (GUNKEL, Schöpfung und Chaos 88; vgl. EPs 76f.; WESTERMANN, LG 26f.). Der Beter des Klageliedes wird Gut aus dem Hymnus übernommen haben, in dem Jahwe seine Macht und Stärke beispielhaft bekundet. Dadurch tröstet er sich selbst, da Jahwe in einer noch größeren, ja der ärgsten Not geholfen und gesiegt hat. Solche Erinnerung an die Gottestat ist zugleich Vertrauensbekenntnis und Bitte an Gott, um ihn zum Einschreiten in der gegenwärtigen Not zu bewegen. — In den Ras Schamra-Texten findet sich die ausführlichste Erwähnung des Drachenkampfes in einer Art Prahllied, siehe S. 44.

Machterweis die eigene Größe und den eigenen Herrschaftsanspruch zu begründen. Weil Jahwe den Sieg errang, kann Ps 77 15 bekennen:

> »Du bist der Gott, der Wunder tut;
> du hast deine Macht unter den Völkern kundgetan.«

Der Gott Israels bekundet sich auch in dem Meereskampf als der Unvergleichliche (Ps 77 14b 89 7-9a).

Doch überliefert das Alte Testament diesen Mythos nur noch in Bruchstücken. Ein wirklicher Kampf wird nicht mehr geschildert, sondern jeweils nur noch an die vergangene Gottestat erinnert: Wie damals so möge Gott auch jetzt seine Macht zeigen!

2. Der Mythos erscheint in der Regel nicht mehr selbständig als Bericht von einem mythischen Ereignis, sondern dient der Veranschaulichung des Schilfmeerwunders. Der mythische Meereskampf gleitet in die Geschichtserzählung von der Durchführung durchs Meer beim Auszug aus Ägypten über (Jes 51 9 ff. Ps 77 16-20; vgl. 74 15). Die mythischen Aussagen unterstreichen die Bedeutung der Geschichte. Indem aber Chaoskampf und Rettungshandeln ineinander übergehen, sind Mythisches und Geschichtliches miteinander verflochten.

3. Bedeutet jene Historisierung des Mythos, d. h. die spätere Ausgestaltung der geschichtlichen Überlieferung von Gottes Einschreiten für Israel durch mythische Bilder, nicht zugleich eine Mythisierung der Geschichte? Einerseits werden durch die Gleichsetzung des Chaosungeheuers mit dem Schilfmeer die mythischen Mächte entpersonifiziert, aber andererseits werden mythische Handlungen, wie das »Zerschlagen« und »Zerhauen« (Jes 51 9), auf die Rettung am Meer übertragen. Vor allem: Die geschichtliche Tat gerät in die Gefahr, in die ungeschichtliche Vorzeit des Mythos verlegt zu werden. »Die Taten Jahwes« werden zu »Wundern von Urzeit an« (Ps 77 12; vgl. 74 12 »mein König von Urzeit an«); auch das Schilfmeerwunder geschah in den »Tagen der Urzeit« (Jes 51 9 f.). Droht damit nicht zugleich Gottes Eingreifen auf Erden zum Heil des Volkes in ein kosmisches Ereignis umgewandelt zu werden, das eben als urzeitliches die ganze Welt betrifft? Stellt darum Ps 74 12 heraus, daß Gottes Heilstaten auf Erden geschehen?

4. Warum kann das Alte Testament den Mythos aufgreifen? Was ist dem Mythos und der alttestamentlichen Geschichtserzählung gemeinsam? Beide wollen Gottes Taten berichten. Vor den Anspielungen auf die Meereskampfmythen stellen die Psalmen vorweg fest, daß Gottes Taten geschildert werden sollen; beispielhaft ist wieder Ps 74 12:

> »Aber Gott ist mein König von Urzeit her,
> der Heilstaten vollbringt auf Erden.«

Entsprechend suchen Ps 77 12 f. und 15 »der Taten Jahwes zu gedenken«; vgl. auch Ps 89 2. Weil der Mythos eine Gottestat erzählen will, kann er dazu dienen, Gottes Geschichtstat zu illustrieren; von daher ist auch zu verstehen, daß der Mythos seinen »Sitz im Leben« gerne im Hymnus hat, der Gottes Taten besingen will. Das Reden von Gottes Tat ist die Gemeinsamkeit zwischen mythischem und alttestamentlichem Denken, die dem Alten Testament die Übernahme mythischer Motive ermöglicht.

e) Das Königtum in Ewigkeit

Obwohl Baals Königtum von Feinden hart umringt und ständig bedroht ist, gegen Mot wieder verloren geht und neu erobert werden muß, zielt es dennoch auf eine unbegrenzt währende Herrschaft. Diese Aussage kann gewagt werden, obgleich sie nur von einem Beleg gestützt wird. Vor dem Entscheidungskampf gegen Jam gibt Košer-waChassis Baal die Zusage:

tqḥ.mlk.ʿlmk »Du sollst erhalten dein ewiges Königtum,
drkt dt drdrk deine Herrschaft für Geschlecht um Geschlecht!«[1]

Dem Text ist nicht zu entnehmen, ob in *tqḥ* ein Jussiv oder ein Imperfekt zu sehen ist. Der Unterschied wird jedoch mehr grammatisch als inhaltlich gegeben sein, bedenkt man, wie sehr im Alten Orient Wort und Wirkung eins sind. Jedenfalls wird eine Königsherrschaft verheißen, die zu einer bestimmten Zeit — eben mit dem Sieg über Jam — ihren Anfang nimmt und für die Zukunft unabänderlich ist. Ausgeschlossen ist ein seit jeher dauerndes Königtum.

Nun läßt aufmerken, daß das Alte Testament zu *mlk.ʿlmk drkt dt drdrk* eine fast wörtliche Parallele in Ps 145 13 bietet:

> Dein Königtum ist ein Königtum für alle Zeiten,
> und deine Herrschaft für Geschlecht um Geschlecht.

Obwohl dieser akrostichische Psalm erst der Spätzeit angehören wird, kann die Übereinstimmung kaum reiner Zufall sein. Vielmehr wird sich im Kult solch formelhafte Sprache über lange Zeit erhalten haben, bis sie erst spät in der Schrift auftaucht[2]. Daß es sich hier um ge-

---

[1] Siehe S. 11, Anm. 8.

[2] Statt des ugaritischen *mlk* (vokalisiert: *mulku*), das »Königtum, Königsherrschaft« bedeutet, hat Ps 145 13 מַלְכוּת, ein Wort, das nur in den späten Teilen des Alten Testaments erscheint; statt *drkt* »Herrschaft«, das das Alte Testament nicht kennt (vgl. o. S. 11, Anm. 8), findet sich מֶמְשָׁלָה. — In seinem Aufsatz »Das Wort *ʿolam* im Alten Testament« bemerkt Jenni: »In einigen Fällen betrifft der Ausdruck (עולם) nicht nur die Zeit von jetzt an bis in die fernste Zukunft, sondern durch Zurückverlegung des ganz unbetonten Ausgangspunktes in die nähere oder fernere Vergangenheit auch einen Teil der Vergangenheit«, fährt dann fort: »Hieran schließen sich Ausdrücke, die göttliche Dinge betreffen, wo also ein zeitlicher Ausgangspunkt noch weniger in Frage kommt« (ZAW 1952, 242) und zitiert u. a. Jer 10 10 Ps 145 13 Dan 3 33 4 31. Bei diesen späten Texten wird die Beobachtung richtig sein. Die alte kanaanäische »Formel« hat aber dann in Israel eine andere Reichweite erhalten, die

prägtes Gut handelt, legen weiter Dan 3 33 und 4 31 nahe, wo die Aussage, wenig verändert, in Aramäisch aufgegriffen wird. Darauf deutet auch der liturgische Stil, den כל־עלמים und בכל־דור ודור verraten. — Schließlich stellt noch Ps 146 10 eine Art Parallele dar; nur begegnet statt des Substantivs »Königsherrschaft« das Verbum מלך. Doch die Aussage ist die gleiche; Jahwes Königtum erstreckt sich ohne zeitliche Begrenzung in die Zukunft:

> Jahwe ist König in Ewigkeit,
> dein Gott, Zion, für Geschlecht um Geschlecht.

Die alte ugaritische Formel, die das Gottkönigtum in Ewigkeit verkündet, hat ihren Ursprung im Königtum Baals. Das bestätigt noch Ps 29. Dieser Hymnus trägt ganz das Gepräge eines Gewittergottes, wie es Baal-Hadad eignet, so daß weithin mit seiner Herkunft aus dem Kanaanäischen gerechnet wird. Den Höhepunkt des Psalms erreicht v. 10:

> Jahwe thront über der Flut,
> und so thront Jahwe als König in Ewigkeit.

V. 10a mag auf den Meereskampf — nicht die Schöpfung! — anspielen; auf diesem Sieg gründet sich die nun unbeschränkte Dauer der Königsherrschaft (v. 10b), wie es den Vorstellungen von Baal entspricht.

Eine Abwandlung begegnet in Ex 15 18, das mit v. 17 sicher auf Verhältnisse im Kulturland hinweist[3]: »Jahwe herrscht als König auf immer und ewig«, wie auch abgeblaßter in Ps 10 16 »Jahwe ist König auf immer und ewig« und Jer 10 10 »König in Ewigkeit«. Alle drei Stellen verbinden mit Jahwes Königtum sein Niederringen der Völker[4]. — Jahwes Thronen in Ewigkeit verkünden schließlich noch Ps 102 13 und Thr 5 19; charakteristisch hebt sich Ps 9 8 heraus, wenn man perfektisch übersetzt[5]:

> Erregt (?) ‚hat‘ ‚Jahwe‘ für immer sich niedergelassen,
> hat seinen Thron zum Gericht aufgestellt.

Alle diese Stellen, die von Jahwes Königtum in Ewigkeit reden, gehen letztlich auf die Aussage im Baalkönigtum zurück, dem Bestand in die unbegrenzte Zukunft verheißen wurde.

---

jetzt Vergangenheit, Gegenwart und Zukunft umfaßt. Doch sieht auch Jenni die Verbindung der biblischen mit der ugaritischen Aussage, die als ein Ausdruck von Baals Königtum nur die bei einem bestimmten Zeitpunkt einsetzende und von ihm ab immerwährende Herrschaft umspannen kann: »In den Stellen, die Jahwe feiern als den König, der in Ewigkeit thront und seine Feinde für immer vernichtet (Ps 9 6. 8 10 16 29 10 66 7 93 2 145 13 146 10; vgl. Mi 4 7) wirkt wohl alte Tradition nach; vgl. ugar. 68, 10 . . ., ferner Ex 15 18« (ZAW 1953, 19).

[3] Vgl. S. 81 f.

[4] Vgl. S. 91.

[5] Hier ist das Thronen mit dem »Richten« bzw. »Beherrschen« der Erde und der Völker verbunden (o. S. 39).

f) Psalm 29
Die Verbindung von El- und Baal-Traditionen

Es gilt bereits allgemein, »daß Ps 29 wahrscheinlich unmittelbar auf einen kanaanäischen Baal-Hymnus zurückgeht«; an die Stelle des kanaanäischen Gottes ist Jahwe getreten[1].

1 Ein Psalm Davids.
Gebt Jahwe, ihr Göttersöhne,
gebt Jahwe Ehre und Macht!
2 Gebt Jahwe seines Namens Ehre,
fallt nieder vor Jahwe in ‚seiner' heiligen Majestät (?)!

3 Die Stimme Jahwes über den Wassern!
Es donnert der Gott der Ehre.
Jahwe über gewaltigen Wassern!
4 Die Stimme Jahwes erschallt mit Macht,
die Stimme Jahwes mit Majestät!
5 Die Stimme Jahwes zerschmettert Zedern,
so zerschmettert Jahwe die Zedern des Libanon.
6 Er läßt den Libanon hüpfen wie ein Kalb,
den Sirjon wie einen jungen Wildstier.
7 Die Stimme Jahwes sprüht Feuerflammen.
8 Die Stimme Jahwes läßt die Wüste erbeben,
so läßt Jahwe erbeben die Wüste von Kadesch.
9 Die Stimme Jahwes versetzt die Hinden in Wehen,
läßt die Zicklein gebären (?).

Und in seinem Palast ruft alles Ehre!
10 Jahwe thront über der Flut,
und so thront Jahwe als König in Ewigkeit.

11 Jahwe gebe seinem Volk Macht!
Jahwe segne sein Volk mit Heil!

Die hymnische Einleitung v. 1-2, die v. 9b aufgreift, fordert die »Göttersöhne« auf, Jahwe כָּבוֹד darzubringen. Dabei läßt sich בְּנֵי אֵלִים nicht ohne weiteres als — zu Gottes Dienern erniedrigte — »Gottwesen« verstehen, da schon kanaanäisch die Götter *bn ilm* genannt werden[2]; doch wird Israel den Ausdruck nur noch auf die Angehörigen der himmlischen Sphäre gedeutet haben (vgl. Hi 1 6 2 1 38 7 Ps 89 7). Der Gottkönig inmitten seines himmlischen Thronrates — das ist das Charakteristikum von König El. Auch die Ehrung durch die Götter, die hier vor Jahwe stattfindet, wird in den Ras

[1] Kraus, BK XV, 235 z. St. Vgl. außer der dort genannten Literatur noch E. Vogt, Der Aufbau von Psalm 29, Bibl. 41, 1960, 17—24.

[2] Vgl. S. 26ff.

Schamra-Texten nie Baal, jedoch El zuteil. Damit entspricht die Einführung des Psalms mehr dem Bild, das die ugaritischen Mythen von El[3] als von Baal entwerfen. Möchte man nicht annehmen, daß solche Züge Baal nur zufällig nicht zugemessen werden, so ist in Ps 29 beispielhaft belegt, daß Jahwe das Königtum Els und Baals in sich vereinigte; denn der Hauptteil des Psalms weist deutlich auf Baal hin.

Die v. 3-9 schildern eine Gewittertheophanie, wie sie von Baal-Hadad bekannt ist. Die bloße Stimme des — nach v. 10 ruhig thronenden — Gottes genügt, die Erde in Aufruhr zu versetzen. Erinnern wir uns aus den Ras Schamra-Texten an Baals donnernde Stimme[4]! Der Parallelismus von Libanon und Sirjon (v. 5 f.) findet sich ebenfalls dort; die Zedern dieser Berge werden zum Tempelbau Baals herbeigeholt[5]. Weiter begegnet (v. 8) *mdbr qdš*, doch kaum im Sinne von »die Wüste von Kadesch«, sondern von »die heilige (= dem Gott vorbehaltene?) Wüste«[6]. Vielleicht ist diese Bedeutung auch in Ps 29 8 die ursprüngliche (vgl. den übereinstimmenden Konsonantenbestand).

V. 9b mag bewußt doppeldeutig sein: das Lob, die כָּבוֹד-Akklamation, erschallt sowohl im Tempel auf Erden (vgl. Jes 6 3 Ps 97 6) als auch in dem göttlichen Palast selbst (vgl. Ps 19 2). Was der Hofstaat dem König im Himmel darbringt, das preist auch die Kultgemeinde auf Erden. Wie die Szene v. 1 f. 9b nicht ausdrücklich im Himmel spielt (v. 10: »über der Flut«), so bleibt auch in den Ras Schamra-Texten offen, wo der Aufenthaltsort der Götter liegt[7].

---

[3] Selbst die neu erschlossene Bedeutung von *hdrt* »Erscheinung« (v. 2 Ps 96 9; Cross, Basor 1950, 21; Kraus z. St.) ist einer Vision Els entnommen: K 155 (CML 32a, Zl. 51; TRS 92); vielleicht besser mit A. Caquot (Syria 33, 1956, 37—41): »Majestät, Erhabenheit«; anders E. Vogt, Bibl. 1960, 24, Anm. 1: »Wohnung, Raum«.

[4] Vgl. S. 48, Anm. 17f.

[5] 51, VI, 18f. 20f. (CML 98b; TRS 43), vgl. o. S. 13, Anm. 21.

[6] 52, 65 (CML 124, Zl. 31; TRS 61). Die mit der Übersetzung »Wüste von Kadesch« gegebene südliche Geographie wäre für die Ras Schamra-Texte so auffallend, daß sich diese Übersetzung nicht empfiehlt, vgl. ZAW 74, 1962, 63[4]. — Keineswegs wird man in Ps 29 8 (u. 7) einen Rückgriff auf die Sinai-Kadesch-Tradition sehen können, der in dem Zusammenhang zu fremdartig anmutet.

[7] Pope vermag della Vida (JbL 1944, 9) zuzustimmen: »there is nothing in the Ugaritic texts to indicate that El was a celestial deity. All the evidence tends to connect El with the earth« (EUT 52; doch fragt er S. 95, ob »El in the Ugaritic myths was . . . driven from his heavenly throne and banished to the netherworld«). Doch scheint das Wohnen der Götter im Himmel mehr vorausgesetzt als ausdrücklich erwähnt zu sein. Natürlich wohnen Mond- und Sonnengott im Himmel; so heißt der Mondgott Jariḫ »die Leuchte des Himmels« (77, 16. 31 = CML 124; TRS 63f.). Wenn man El opfert, erhebt man die Hände gen Himmel (Krt 76. 168 = CML 28—32 in II, 22; IV, 5; TRS 90. 93), d. h. doch wohl in die Richtung des Ortes, an dem man den Gott erwartet. In *ʿnt* I, 13 (CML 82b; anders TRS 25) bezeichnet

V. 10 ist das Ziel, auf das der gesamte Psalm zusteuert. Hier wird Jahwe, wie im Ugaritischen Baal, ein Königtum zugesprochen, das bei einem bestimmten Ereignis einsetzt und von dann ab immer fortdauert[8]. Demnach entspricht v. 10 wie v. 3-9 dem Baal-Mythos. Noch einmal macht Ps 29 explizit deutlich, daß Jahwes Königtum eine Wurzel auch in Baals Götterherrschaft hat.

In v. 11 wird ein israelitischer Anhang an diesen so stark durch kanaanäische Tradition bestimmten Hymnus zu sehen sein. Über die einfache Ersetzung Baal-Hadads (?) durch Jahwe hinaus wird der Gott Israels besonders angerufen. Der Lobgesang über sein machtvolles Erscheinen in der Natur gipfelt jetzt in der bekundeten und erbetenen Zuwendung Jahwes zu seinem Volk[9]. Die Aussage von v. 11, die Israel erst das Nachsprechen von v. 1-10 ermöglicht, gehört eigentlich für Israel zeitlich und sachlich an den Anfang des Psalms.

Entsprechen die Einleitungsverse, die Himmelswesen Jahwes Lob singen lassen (v. 1 f.), eher den El-Traditionen, so greift der Hauptteil des Psalms Baal-Tradition auf: die Erscheinung des Wettergottes mit seiner Donnerstimme voll zerstörender Macht im Sturm (v. 5) und Erdbeben (v. 6. 8). Sollen die »Feuerflammen« (v. 7) den Blitz, die Waffe des Gewittergottes, darstellen? Falls v. 3 (»die Stimme gegen die Wasser«) an den Meereskampf erinnert, wären auch hier Vorstellungen von Baal aufgenommen. Schließlich mag sich v. 10 mit dem Bild des in Ewigkeit über der Flut thronenden Königs an diese Überlieferung halten. Doch greift der Zwischensatz v. 9b auf den hymnischen Auftakt v. 1 f. zurück: dem überirdischen König gebührt die Akklamation in seinem himmlischen Palast. Schon der Anfang der Gewittertheophanie verknüpft mit dem Gottesnamen אֵל־הַכָּבוֹד beide Traditionen miteinander, die also literarisch nicht mehr auseinanderzuhalten sind. Wenn nach den bisher veröffentlichten ugaritischen Mythen kaum beide Vorstellungsreihen auf denselben Gott

---

mt šmm »die Leute des Himmels« wohl die Götter. *ʿnt* III 23f. (CML 86a, Zl. 41f.; TRS 27) stellt *nšm* »die Menschen« und *šmm* (eher) »die Himmlischen (= die Götter)« (als »die Himmel«) gegenüber. — Der Baalschamem »Herr des Himmels«, »der vom 2. Jt. v. Chr. ab bei Kanaanäern und Aramäern in hohem Ansehen gestanden hat und dessen Name oft zu Baal abgekürzt worden ist« (Eissfeldt, RGG I, 305; vgl. ZAW 1939, 1—31 = KlSchr II, 171ff.), findet sich mit seinem vollen Namen in den Ras Schamra-Texten nicht. Ob man den Himmelsbaal als eine besondere Ausprägung des einen Baal ansehen kann?

[8] Vgl. S. 53f. — Auch zu der Konstruktion יָשַׁב לְ (v. 10a) bieten die Ras Schamra-Texte Parallelen. So heißt es von Krt in 127 (=II K VI), 23 (CML 44b; TRS 103): *jṯb. lksi mlk.* »Er ließ sich nieder auf seinem Königsthron.« Vgl. noch S. 21, Anm. 82.

[9] Vgl. S. 39ff. zu Ps 82 8. Allerdings möchte Gaster (JQR 1946, 63) auch diesen Vers als »part of the original mythological hymn« ansehen, da sich in *Enuma eliš* VI, 113 eine ähnliche Aussage finde.

bezogen werden können, sollte da nicht doch der Psalm erst in Israel entstanden sein, wo alle Aussagen von Jahwe gemacht werden?

Schon mehrfach fiel auf, daß in alttestamentlichen Texten El- und Baal-Traditionen zusammengeflossen sind, so in Jes 14 13 f. oder in den Thronbesteigungsliedern[10]. Auch die Psalmen, die Chaosdrachenkampf und Schöpfung nebeneinander anführen, lassen sich als Vermischung von El- und Baal-Traditionen verstehen[11]. Ps 89 begründet Jahwes Unvergleichlichkeit unter den heiligen Göttersöhnen (Els Hofstaat, v. 6—8) gerade mit der Überwindung des Meeres (v. 10 f.).

Vollzogen sich solche Traditionsmischungen erst in Israel, oder fanden sich gewisse Motive der El- und Baalvorstellungskreise schon vorisraelitisch zusammen, etwa in dem Jerusalemer Stadtgott El Eljon? Ist das Nebeneinander von El und Baal, wie es die ugaritischen Texte bezeugen, auch in Palästina, zumal in Jerusalem, vorauszusetzen? Oder waren hier El und Baal schon in vorisraelitischer Zeit miteinander verschmolzen? Eine sichere Antwort läßt sich nach Lage der Quellen kaum geben, da nur durch Rückschluß aus dem Alten Testament geurteilt werden kann.

Doch sind andere alttestamentliche Textaussagen ausschließlich auf einen der beiden Traditionsströme zurückzuführen. So läßt sich einerseits die Thronszene Jes 6 aus dem Vorstellungskreis des Götterkönigs El her verstehen, andererseits bestimmten Baal-Traditionen weitgehend allein das alttestamentliche Reden vom heiligen Gottesberg im Norden, vom Richtertum oder Meereskampf. Während in der Erzväterzeit der Kampf mit dem Baalkult noch zu fehlen scheint, setzen sich Elia, Hosea und Jeremia eingehend mit ihm auseinander. Bleiben also El- und Baal-Traditionen sogar im Alten Testament streckenweise bis in die spätere Zeit hinein geschieden, dann liegt doch die Vermutung näher, daß beide Überlieferungskomplexe auch in Palästina ähnlich wie in Ugarit in vorisraelitischer Zeit für sich bestanden. Der Annahme, daß die beiden Gottheiten El und Baal in Kanaan nicht unterschieden waren, steht doch wohl die gesamte Auseinandersetzung entgegen, die das Alte Testament mit seiner Umweltreligion führt.

Exkurs 2: El und Baal als Schöpfer

Da sich unter den Ras Schamra-Texten kein eigentlicher Schöpfungsmythos findet, bleibt nur übrig, den kanaanäischen Schöpferglauben aus einigen Titeln und Anspielungen zu erheben.

---

[10] Vgl. S. 34f. bzw. 31, Anm. 7 und 77 f.

[11] Zu Ps 74 und 89 s. o. S. 49f.

El stellt sich vornehmlich unter seinem Namen *bnj bnwt* »Schöpfer der Geschöpfe«[1] als Schöpfer vor. Für die Götter ist er *áb* »Vater«, so etwa der Vater Jams[2]. Auf die gleiche Beziehung wird der Titel *áb šnm* hinweisen, der kaum »Vater der Jahre«, sondern »Vater der Erhabenen (= der Götter)«[3] zu übersetzen ist. Umgekehrt gelten die Götter als *bn íl* »Söhne Els«[4]. Obwohl Baal »Sohn Dagans« heißt[5], ist El doch *ábh djknnh* »sein Vater, der ihn schuf«[6]. Schließlich nennt man El *áb ádm* »Vater der Menschheit«[7]. — Auch Els Gattin Aschera wird als Schöpferin verehrt. Mehrfach heißt sie *qnjt ílm* »Schöpferin

---

1 49, III, 5. 11 (CML 112a); 51, II, 11; III. 32 (CML 92—94); 2 Aq I, 25 (CML 48b). Zu der Pluralform *bnwt* vgl. Aistleitner, UGU § 73, der weitere Beispiele einer (nur orthographisch?) unregelmäßigen Pluralbildung aufzählt; im Akkadischen ist *bān binûti* »Schöpfer der Geschöpfe« ein Titel Nebos. — בנה kann im Hebräischen eine ähnliche Bedeutung annehmen, so »ein Haus bauen = Nachwuchs schaffen« (KBL s. v.), vgl. auch Gen 2 22.

2 137, 16. 33. 36 (CML 78—80; TRS 48—50). — Text 52 (CML 120ff.; TRS 58ff.) erzählt von Els Zeugung der Götter Schachar und Schalim.

3 49, I, 8 (CML 108b) u. ö. (vgl. S. 23, Anm. 4). Die übliche Wiedergabe (z. B. Albright, RI 88; Driver, CML z. St.) »Vater der Jahre« versteht *šnm* als Plural von שׁנה, das im Hebräischen maskulinen und femininen Plural kennt. Dem entspricht, daß El auch sonst als alt erscheint (S. 7, Anm. 12); weiter gewinnt man eine Parallele zu »Vater der Ewigkeit« Jes 9 5 und zu »Der Alte der Tage« Dan 7 9. 13 (Eissfeldt, Baal Zaphon 27, Anm. 2). Es ließe sich auch (der in Beerseba verehrte) El ᶜolam »Gott der Ewigkeit« (Jenni, ZAW 65, 1953, 4) oder der in Karatepe und ähnlich in Ugarit bezeugte שמש עלם »Sonnengott der Ewigkeit« (s. untere Torinschrift III, 19; Alt, WO 1949, 274. 284; KAI 26) vergleichen. Da jedoch für »Jahr« im Ugaritischen anders als im Hebräischen sonst nur der feminine Plural bezeugt ist (Gordon, UM 329, Nr. 1857 u. 1860; Aistleitner, UGU § 72), verbindet man *šanima* besser mit dem arabischen Verb *snj* »erhaben sein« (vgl. *sanij* »hoch, herrlich, erhaben«) und deutet *šnm* als Partizip »Vater der Erhabenen (= der Götter)«, so Pope, EUT 32f.; Gray, LC 80[6]. 116f.; vgl. noch D. W. Thomas, ZAW NF 10, 1934, 236—238; R. Follet, VD 34, 1956, 282f. — Eissfeldt (EUP 30f., Anm. 4) zog *šanima* zu *šnj* »wechseln, dahinschwinden«, so daß er »Vater der Sterblichen« in Anlehnung an den Titel »Vater der Menschheit« (s. o.) erhält. Doch bezeichnet die Wurzel *šnj* sonst nie »sterben« (Pope, EUT 33). Eigenartigerweise versteht Aistleitner (TRS 18 u. a.; WUS 2651) *šnm* als Ortsangabe.

4 Siehe S. 26, Anm. 21—23 u. S. 26ff.

5 Siehe S. 9, Anm. 23.

6 Siehe S. 23, Anm. 6. — Vgl. noch 76, III, 6 (die Rekonstruktion in CML 116b ist kaum richtig), auch den Eigennamen *jknil* in 314, 15 (de Langhe II, 298. 350).

7 I K 37. 43. 136. 151. 297 (CML 28ff.; TRS 88ff.). Gray (LC 118. 153; VT 1956, 273[2]) sieht in diesem Ausdruck mehr eine soziale als physische Beziehung, versteht »Vater der Gemeinschaft« statt universal »Vater der Menschheit« und vergleicht nach Jes 1 2 Hos 11 1 »Vater Israels«. Nennt der Titel El als Schöpfer, dann eher universal als Schöpfer der Menschheit.

der Götter«[8], während die Götter als »Söhne Ascheras«[9] auftreten. »Siebzig Söhne« sind ihr zu eigen[10].

Gewiß ist das Zeugnis von El als Schöpfer im Alten Testament (Gen 14 19. 22) und in anderen vorderorientalischen Inschriften reicher und klarer[11], dennoch wird man wohlbegründet sagen können, daß El auch in Ugarit die Schöpfung zugeschrieben wurde, obwohl keine Kosmogonie berichtet wird. Nur Theogonie und Anthropogonie werden in Titeln des Gottes angedeutet. Darüber hinaus ist El in Texten aus Karatepe, Palmyra und Leptis Magna als *qn 'rṣ* »Schöpfer der Erde« bezeugt, wie aus Bogazköj ein »Elkunirsa« belegt ist. Noch umfassender heißt El Eljon in Gen 14 18ff. »Schöpfer (קֹנֵה) Himmels und der Erde«. Liegt hier eine echte Prädikation des Gottes El vor, oder sind ursprünglich verschiedene Aussagen zweier Götter El und Eljon zusammengeflossen? Aber ein Gegenstück zu »El, Schöpfer der Erde«, etwa »Eljon, Schöpfer des Himmels«, ist unbekannt. Der Himmel erscheint nur in dem häufigen Gottesnamen Baal Schamem; dieser Name sagt aber nicht, daß der Baal den Himmel schuf, sondern daß er dort »Baal«, also »Herr«, ist und da wohnt. Schließlich ist fraglich, ob Eljon »der Höchste« überhaupt eine eigenständige Gottheit war und nicht vielmehr eine hypostatische Verselbständigung eines Prädikates des Gottes El. Die Unterscheidung von El und Eljon vollzieht ausdrücklich erst Philo von Byblos (»Elioun, der der Höchste genannt wird«), während die alte Erwähnung in der Inschrift von Sfire nicht eindeutig ist: Meint »vor El und Eljon« zwei Gottheiten, oder liegt hier, wie oft in Ugarit, ein Doppelname für einen Gott vor? Das Alte Testament jedenfalls setzt auch außerhalb von Gen 14 18ff. El und Eljon durchgängig gleich, indem es beide Namen parallel gebraucht (Ps 82 1.6 u. ö.). Falls also El und Eljon einmal verschiedene Gottheiten gewesen sein sollten, müßte ihre Identifikation nach dem Ausweis des Alten Testaments wohl schon vorisraelitisch vollzogen worden sein.

Demnach ist El in Ugarit als Schöpfer der Götter und Menschen, in westsemitischen Inschriften als Schöpfer der Erde und im Alten Testament als Schöpfer Himmels und der Erde, d. h. der Welt, bezeugt.

---

8 51, I, 23; III, 26. 30. 35; IV, 32 (CML 92—96; TRS 37—40). Die Ableitung von *qnj* II »schaffen« (mit HUMBERT, BERTHOLET-Festschrift 259; KBL u. a.) ist nicht unstritten — andere übersetzen »Herrin« —, paßt jedoch am besten zu den anderen Titeln.

9 Siehe S. 13, Anm. 18.

10 51, VI, 46 (CML 100a; TRS 44): *šb'm.bn.åṯrt*; zu einer hethitischen Parallele vgl. H. OTTEN, MiO 1, 1953, 126f. 133.

11 Vgl. POPE, EUT 52—54; SCHMID, ZAW 1955, 179—183; o. S. 31, Anm. 7 und WM 17, 1964, 28² (dort die Belege zum Folgenden); zu altorientalischen und griechischen Kosmogonien umfassend H. SCHWABL, PW Suppl. IX (1962) 1433ff. (Lit).

Möchte man die Frage: Kannte Kanaan und insbesondere Ugarit einen Schöpfergott? nicht unbeantwortet lassen, so ist nach den angegebenen Zeugnissen mit hoher Wahrscheinlichkeit eben El zu nennen.

Als Oberhaupt der Götterversammlung ist El doch wohl der »höchste« Gott, mag ihm auch in Ugarit der Beiname »Eljon« fehlen. Wenn die angeführten Karatepe-Texte, die Inschriften von Sfire oder Sendschirli in ihren Götterlisten El erst nach Baal Schamem bzw. Hadad nennen, so kann das zwei Gründe haben: Entweder ist die vielleicht auch in Ugarit erkennbare Vorherrschaft Baals über El Jahrhunderte später endgültig vollzogen: Baal nimmt jetzt die erste Stelle ein, El ist auf den zweiten Platz verdrängt. Oder Baal wird in den Inschriften zuerst erwähnt, weil er als Spender des Lebens wie in Ugarit im Kult die entscheidende Stelle innehat und ihm darum für die Menschen die Hauptbedeutung zukommt. Die Rangordnung braucht also dem Zeugnis der ugaritischen Mythen noch nicht zu widersprechen. Vielleicht schließen sich aber auch beide Gründe nicht aus: Als dem nahen Gott gebührt Baal der Vorrang, während der ferne Schöpfergott als Deus otiosus zurücktritt.

Es mag zunächst erstaunlich erscheinen, unter dem Thema »Schöpfung« auch von Baal zu reden. Aber: während El der Schöpfer ist, begegnet in Baal als Vegetationsgott der Erhalter der Schöpfung. Zwar setzt der Baalmythos die Welt als vorhandene voraus, doch ohne Baal hat sie keinen Bestand; mit seinem Fortgang verfällt sie dem Tode, nur er vermag sie ins Leben zurückzuführen, sie neu erstehen zu lassen. Seine Gaben schenken der Erde die Fruchtbarkeit:

lárṣ m(ṭ)r.bʿl	»Für die Erde den Regen Baals,
wlšd.mṭr.ʿlj.nʿm	für das Feld den Regen des Erhabenen, des Lieblichen,
lárṣ mṭr bʿ(l)	für die Erde den Regen Baals,
wlšd.mṭr.ʿlj.nʿm	für das Feld den Regen des Erhabenen, des Lieblichen.«[12]

Als Baal in die Unterwelt hinabsteigen muß, wird ihm geraten:

wát.qḥ.ʿrptk	»Und du, nimm mit deine Wolken,
rḥk.mdlk.mṭrtk	deinen Wind, deine Regenwolke (?), deinen Regen!«[13]

Was soll dann mit den Menschen werden?

bʿl.mt	»Baal ist tot!
mj.lím.bn.dgn	Was soll werden mit dem Volk des Sohnes Dagans?
mj.hmlt.áṯr.bʿl	Was soll werden mit der Menge Baals?«[14]

Mit ihm entschwindet das Leben.

---

[12] 126, III, 5—9 (CML 42b; TRS 101), vgl. Ps 147_{8} Hi 5_{10}; auch 51, IV, 68f. (CML 96b; TRS 41).

[13] 67, V, 6—8 (CML 106b; TRS 16). Zu dem umstrittenen *mdl* vgl. GRAY, LC 49[5].

[14] 67, VI, 23—25 (CML 108a; TRS 17); 62, 6f. (CML 108a; TRS 18); vgl. o. S. 15, Anm. 37. *áṯr* eigentlich »(an der) Stelle (von)«? Vgl. DRIVER, CML 134; anders GRAY, LC 52. — Gemeint sind wohl die Verehrer Baals (so auch DRIVER, CML 109[9]), damit das Volk von Ugarit.

npš.ḫsrt.bn.nšm »Leben fehlte den Menschen,
npš.hmlt.árṣ Leben der Menge (auf) der Erde.«[15]

Aber mit Baals Rückkehr bricht die Fruchtbarkeit wieder auf, setzt das Leben neu ein. Die Erde gleicht einem Paradies:

šmm.šmn.tmṭrn »Der Himmel regnet Öl,
nḫlm.tlk.nbtm die Bäche laufen an Honig über.«[16]

Also ist der Schluß berechtigt: El schuf die Welt (die Götter und die Geschöpfe), Baal erhält die Welt. Der Mythos weist Baal als »Vegetationsgott« aus, der das Schicksal der Erde teilt. Vielmehr textgemäß umgekehrt: Die Natur stirbt ab, wenn Baal in die Unterwelt hinabsteigt, und lebt von neuem auf, wenn er zur Erde heimkehrt[17]. Indem die Natur Baals Tod und Auferstehung anzeigt, erscheint die Gegenwart des Gottes in der Natur. So ist Baal nicht die Vegetation, aber er ist der Spender der Vegetation; er ist nicht die Erde, aber er ist, wie sein Titel lautet: (*zbl*) *bʿl árṣ* »(der Fürst) der Herr der Erde«[18].

[15] 49, II, 17f. (CML 110b; anders TRS 20).

[16] 49, III, 6f. 12f. (CML 112a; TRS 20f.). Die alttestamentliche Formel »das Land, in dem Milch und Honig fließt« (Ex 3 8 u. ö., vor allem Deuteronomium) wird nach so ähnlichen ugaritischen Aussagen weniger aus einem idealen Traum der Nomaden vom Kulturland als aus Aufnahme kanaanäischer Kultsprache zu erklären sein (ausführlich H. Gross, Die Idee des ewigen und allgemeinen Weltfriedens im Alten Orient und Alten Testament, 1956, 71ff. 49ff. mit Lit.).

[17] Am deutlichsten ist hier wohl die Parallele zu dem hethitischen Vegetationsgott Telepinuš, von dem es heißt: »Wasser leitet er herbei, das Getreide läßt er wachsen«. Sein Verschwinden bringt alles Leben zum Stillstand: »Da gedeihen Gerste und Emmer nicht mehr. Da begatten sich Rinder, Schafe und Menschen nicht mehr, und die, die trächtig sind, können nicht mehr gebären. Die Vegetation (?) vertrocknete. Die Bäume vertrockneten und brachten keine Triebe mehr hervor. Die Weiden vertrockneten, die Quellen vertrockneten. Im Lande entstand eine Hungersnot, so daß Menschen und Götter Hungers starben« (Goetze 43). Osiris wird »groß an Überfluß, Herr der Speisen« genannt, und er sagt von sich selbst: »Ich bin es, der Spelt und Gerste schafft, um die Götter zu ernähren und ebenso das Vieh nach den Göttern« (Roeder II, 68; Erman, Rel. 81f.). Tammuz wird »als der Schöpfer alles Lebens beklagt« (Falkenstein—v. Soden 375 zu Lied 34). In den Karatepe-Texten wird der Baal gebeten, den König mit »Leben und Heil und mächtiger Stärke«, mit »Länge von Tagen und Fülle von Jahren« zu segnen (T III, 3f. 5f.; Alt, WO 1, 274f.; KAI 26). Vgl. auch Hos 2 7ff. u. a.

[18] Siehe S. 9, Anm. 21; S. 15, Anm. 35 u. ö. Bezeichnet dieser Name Baal als Spender der Vegetation? — Gegen den Versuch, die in ugaritischen, aber auch anderen altorientalischen Mythen gegebenen Unterschiede zwischen Schöpfung und Erhaltung aufzuheben, ist festzuhalten: Es bringt nur Unklarheit, wenn man Königtum, Tempelbau, Meereskampf und Erneuerung der Vegetation über den erkennbaren Zusammenhang hinaus, vereinfachend und vergröbernd, als »Schöpfung« bezeichnet, weil sich alles als Ordnung aus dem Chaos deuten läßt. Der Vegetationsmythos beantwortet nicht die Frage nach dem Woher, dem Ursprung der Welt, wie etwa

Vielleicht läßt sich den Beobachtungen noch eine Folgerung anschließen. Bisher ist weder aus kanaanäischen noch griechischen oder anderen Quellen ein wirklicher Mythos von der Schöpfung der Welt durch El bekannt. Vielmehr wird El entweder in Titeln, Beinamen oder hymnischen Attributen als Schöpfer gepriesen. Dagegen erzählt man sich ganz anschaulich, breit ausmalend, von Baals Macht und seinen siegreichen Fehden. Warum sind aber die Schöpfungsaussagen über El so weitgehend der mythischen Form entkleidet? Läßt sich dieser Tatbestand damit erklären, daß El als der zurückgezogene, ferne Gott galt? Berichtete man so sinnfällig von Baals und so abgeblaßt von Els Werken, weil die Erneuerung des Lebens, wie sie sich in dem Mythos vom Kampf Baals gegen Jam und Mot spiegelt, dem Menschen bedeutsamer als der fernliegende Schöpfungsanfang war? Wichtiger als die Frage: wer schuf die Welt? ist die andere: wer gibt immer wieder Fruchtbarkeit und Leben? Gegenüber der Erhaltung des Bestehenden scheint in Kanaan die Schöpfung eine untergeordnete Rolle gespielt zu haben. So fiel es Israel auch nicht zu schwer, den kanaanäischen Schöpfungsglauben zu akzeptieren. Der eigentliche Gegensatz bestand nicht zwischen Israels Gott der Geschichte und Kanaans Gott der Schöpfung, sondern zwischen Jahwe und Baal als Spender des Lebens. Es ging um die Frage: wem verdankt Israel, was es jährlich erntet und wovon es lebt? Diesen Kampf geben das Deuteronomium, Hosea und Jeremia deutlich zu erkennen. So wird von den Ras Schamra-Texten her verständlich, warum die Auseinandersetzung zwischen Jahwe und Baal und nicht El geführt wurde.

Von diesen religionsgeschichtlichen Voraussetzungen her wird auch einsichtig, warum das Alte Testament zwischen creatio und creatio continua unterscheiden kann. Ein schönes Beispiel bietet Ps 136: Nach der Zusammenfassung (v. 4) preisen v. 5-9 den Schöpfer von Himmel, Erde und Gestirnen. Erst nachdem ausführlich Auszug und Landnahme vorgetragen wurden (v. 10-24), gilt ohne Anklang an die Schöpfungsaussagen das Lob zum Schluß dem, »der Brot gibt allem Fleisch« (v. 25). Ganz entsprechend zielt die Nacherzählung der Geschichte Israels in Dtn 26 1 ff. auf den Nachweis: Die Nahrung, die man zu sich nimmt, ist eine Gabe des Gottes, der die Vergangenheit leitete; hier hat die bekenntnismäßige Vergegenwärtigung der Geschichte ihren Gegenwartsbezug. Die früheren Ereignisse weisen Jahwe als Brotspender aus. Die gesamte Auseinandersetzung zwischen Jahwe und Baal von Elia ab wird um das Verständnis des gegenwärtigen

---

Enuma eliš, Gen 1 oder Gen 2. Auch sprachlich ist die Aussage von der Erhaltung der Welt durch die Gabe des Lebens von der Schöpfung (*qnj* u. a.) getrennt. Baal ist der Spender des Regens, nicht Schöpfer. Auch der Sintflutmythos ist vom kosmogonischen und Vegetationsmythos zu unterscheiden.

Lebens, also um die creatio continua, geführt. Dabei hat Israel nicht von der Schöpfung her argumentiert.

Doch noch ein anderes Anliegen spricht bei der Unterscheidung von Schöpfung und Erhaltung der Welt mit: Die Schöpfung wird als ein Geschehen in der Zeit verstanden (Gen 1), aber diese Sicht birgt die Gefahr in sich, daß die Schöpfung zur mythischen Urgeschichte wird.

3. DAS VERHÄLTNIS VON ELS ZU BAALS KÖNIGTUM

Nach dem zuvor Dargelegten wurden in Kanaan wesentlich zwei völlig verschiedene Königsgötter verehrt. So heischt die schwierige Frage nach dem Verhältnis beider zueinander, also nach der Beziehung von El zu Baal, eine Antwort[1].

Da König El in den Ras Schamra-Texten als ein alter Gott erscheint und Baals Prädikation »König und alleiniger Richter«[2] zustimmt, nimmt man häufig an, der junge Gott habe den alten aus der Herrschaft verdrängt[3]: Scheint nicht auch Aschera, Els Gattin, die sich so stark für Baal einsetzt, zu diesem überzugehen[4]?

Doch läßt sich kaum aufrecht erhalten, statt El sei nun Baal König und Richter[5] und El sei der »abgesetzte König«[6]. Statt eines Gegeneinanders oder zeitlichen Nacheinanders vermitteln die mythologischen Texte mehr den Eindruck eines friedvollen Nebeneinanders. Diese Beobachtung wird durch Opfertexte (Text 1; 3) bestätigt, in denen El und Baal mit anderen Göttern zusammen genannt sind, wie Keret zugleich El und Baal opfert (75ff. u. ö.). Zwar unterstützt El in dem Götterkampf einmal Baals Gegner Jam, ein

---

1 Auch in Mesopotamien kannte man zwei Könige unter den Göttern: »Anu, der ferne Himmel, der die Hoheit des Königtums personifiziert, und Enlil, der heftige Sturmwind, seine ausführende Macht« (Frankfort, Kingship 231; vgl. R. Labat, Le caractère religieux de la royauté assyro-babylonienne, 1939, 29—31).

2 Vgl. S. 7, Anm. 12 bzw. S. 13, Anm. 17.

3 Die entgegengesetzte Ansicht Eissfeldts, daß El auch in Ugarit eine »fast monarchische Stellung« einnehme (RGG II, 413f.; III, 1111), ja sich ein monotheistischer Zug feststellen lasse (EUP 60—70), fand nur bedingte Aufnahme.

4 51, IV u. V (CML 94—96; TRS 39—41), vgl. z. B. Pope (EUT 42): »The first goddess of the pantheon must be the consort of the first god, and as Baal, apparently slowly, drove out Il from the leading place, he also took over his wife«.

5 Kapelrud (BRST 92) äußert über El: »He has no more the power to dominate the pantheon himself ... His position in the Ugaritic pantheon ... is taken by the young, strong, and very active Baal, who ascended to the throne after a complete victory over his enemies« (vgl. S. 63f. 133 u. ö., jedoch S. 86: El scheint noch »the nominal head« zu sein, Baal »the actual head of the gods«).

6 Pope, EUT 32: »If El ... was deposed king of the gods«.

andermal jedoch Baal gegen seinen Feind Mot[7]. Von einer Fehde zwischen El und Baal wissen die Mythen nichts. Im Gegenteil: El gewährt die Erlaubnis für Baals Tempelbau, die bei ihm als dem Herrn der Götterversammlung eingeholt werden muß. Als El von Baals Tod erfährt, unterzieht er sich den üblichen Trauerriten und steigt vom Thron herab, während er bei Baals Wiederauferstehung jubelt und lacht; denn nun »kann ich mich hinsetzen und ruhen, und meine Seele hat Ruhe in meiner Brust«[8]. Beide Götter haben ihre königliche Stellung zugleich und nebeneinander inne. Das bekräftigt letztlich die Szene, in der Aschera zu König El eilt und in der Proskynese vor ihm ruft: »Unser König ist Alijan Baal, unser Richter! Und niemand gibt es über ihm!« El, der erneut König und Vater Baals heißt[9], stimmt in die Klage mit ein, daß »Baal kein Haus hat«.

So ist El trotz Baals Königtum weiterhin das Haupt der Götterwelt, wie er auch der »Schöpfer der Geschöpfe« bleibt, während Baal der Schöpfung Fruchtbarkeit und Leben schenkt. Da aber Baal als Lebensspender den Menschen wichtiger ist, spielt er auch im Kult eine bedeutendere Rolle. Ihm ist der Haupttempel in Ugarit gewidmet, während noch kein Eltempel gefunden ist. Beide Götter stehen gleichzeitig in ihrem Amt, aber sie sind unterschieden: El stellt den fernen, Baal den nahen Gott dar.

Erzählen die Mythen auch nicht von einem Gegeneinander, sondern einem friedlichen Nebeneinander Els und Baals, so mögen sich historisch doch eine »dem babylonischen und südarabischen Götterkreis entsprechende ältere Gruppe um El und Aschirat, andererseits eine jüngere, westsemitische Gruppe um Baal, Anat und Mot unterscheiden lassen«[10]. Haben sich in Ras Schamra eine gemeinsemitische El- und eine kanaanäische Baalverehrung zusammen-

---

[7] Möglicherweise weicht El sogar aus Angst vor Jams Macht. Daß er Jam mehr als Baal gewogen ist, läßt sich aus Jams Titel *mdd il* kaum entnehmen (anders Pope, EUT 92), da andererseits Mot den Beinamen *jdd il* (siehe S. 45, Anm. 6) trägt.

[8] 49, III, 1ff., bes. 18f. (CML 112a; TRS 20f.), vgl. S. 15ff.

[9] 51, IV, 20ff. 47f., vgl. S. 13. — In 128 = III K II, 11ff. (CML 36a; TRS 96) wendet sich Baal an El in der Götterversammlung, um für den König Keret Fürsprache einzulegen. Bleibt also nicht El als Oberhaupt der Götter Baal übergeordnet?

[10] Baumgartner, ThZ 1947, 87. Vielleicht besteht auch eine Verwandtschaft zu dem hethitisch (Kumarbi-Epos), phönizisch (Philo) und griechisch (Hesiod) belegten Sukzessionsmythos, nach dem der Wettergott den Göttervater vertreibt und in dem Königtum ablöst (Lit. bei H. Schwabl, PW Suppl. IX, 1962, 1484—1495). — Noth nimmt von den Bewohnern, deren Namen sich durch theophore Elemente, wie *bʿl*, *mlk* oder *ršp*, auszeichnen, an, »daß wir es hier mit dem im engsten Sinne bodenständigen Elemente in Syrien-Palästina zu tun haben, das bereits vor dem 19./18. Jh. v. Chr. längst im Lande gesessen hatte« (ZDPV 1942, 53. 147. 153f.). Vgl. das Referat von J. Starcky (RB 67, 1960, 269—276) zu J. Bottero—M. J. Dahood u. a., Le antiche divinità semitiche, 1958; auch o. S.61.

gefunden? Spiegelt sich diese geschichtliche Entwicklung vielleicht noch in der genealogischen Verbindung Baals mit Dagan statt El?

4. DIE BEDEUTUNG VON *MLK* »KÖNIG«

Nach der kurzen Gegenüberstellung von Els und Baals Königtum ist eine Überlegung über die Bedeutung des göttlichen Prädikats *mlk* »König« angebracht. Augenscheinlich kennzeichnet *mlk* den einen Gott als den Herrscher über die anderen Götter. Das wird etwa daran deutlich, daß die Götter von Baal als *mlkn* »unser König« reden. Die Königsherrschaft Gottes zielt also in erster Linie nicht auf das Verhältnis des Gottes zu den Menschen. Den Menschen ist der Gott ja als Gott überlegen! Der Titel König bezeichnet primär vielmehr ein Hervorgehobensein unter Gleichen. So ist auch der Götterkönig zunächst König über die Götter, wenn auch sein Wirkungsbereich dann die Erde und Menschen in sich schließt; denn seine göttlich-königliche Macht erstreckt sich auch über die Erde:

áḥdj.djmlk.ʿl.ílm	»Ich allein (bin es), der König sein soll über die Götter,
ljmrú.ílm.wnšm	damit Götter und Menschen fett werden,
djšb(ʿ).hmlt.árṣ	ja, die Menge der Erde satt wird!«[1]

Damit ist der häufig vorgebrachten These, der Titel *mlk* bezeichne das »Beziehungsverhältnis zwischen dem Gott und seinen Verehrern«, nämlich das für Semiten charakteristische Gottesverhältnis des Herrn zum Sklaven[2], weithin der Boden entzogen. Der Gott ist König zunächst als Herrscher über die Götter und damit erst über die Menschen. Hinter der Benennung des Gottes als König steckt ein Mythos; die

[1] 51, VII, 49—52 (CML 100b; TRS 45; ANET 135; DAHOOD, Bibl 42, 1961, 386). Zu *mrú* vgl. מרא III (KBL s. v.), während entsprechend hebr. שׂבע ergänzt wird zu *šb*(ʿ). Bei diesem Verständnis zeigt der Text Baal erneut als Vegetationsgott. Weniger wahrscheinlich ist eine andere Übersetzungsmöglichkeit (GORDON, UL 36f.; GRAY, LC 45): »Ich allein (bin es), der König sein soll über die Götter, wahrlich, herrschen soll über Götter und Menschen, der beherrschen soll die Menge der Erde!« Zu *mrú* vgl. dann aramäisch und nabatäisch מרא »Herr«.

[2] EISSFELDT, ZAW 1928, 88; ähnlich v. RAD, ThW I, 567. BAUDISSIN (Kyrios III, 3) äußert pointiert, »daß bei semitischen Völkern, anders als z. B. bei den Griechen, die Bezeichnung als ‚Herr' oder ‚König' — mit Ausnahme des komplizierten Göttersystems der Babylonier und vereinzelter Fälle aus späteren Zeiten — weder das Verhältnis des betreffenden Gottes zu anderen Göttern angibt, wie in dem griechischen ‚König der Götter', noch überhaupt einen bestimmten Rang des Gottes ausdrückt, sondern ursprünglich wohl überall und bis in die spätesten Zeiten wenigstens in einzelnen Fällen deutlich auf das Verhältnis zu einer national oder lokal gesonderten Kultgenossenschaft verweist, so besonders erkennbar in dem phönizischen Gottesnamen *melkart* ‚König der Stadt'.« — Dagegen ALT: Israels Nachbarreligionen »wissen von einem Gottkönigtum, und zwar speziell, echt mythologisch, in dem Sinne einer Königsherrschaft eines Gottes über die anderen Gestalten des betreffenden Pantheons« (KlSchr I, 353).

Prädikation ist mythisch und (wahrscheinlich) kultisch[3]. Ist der Titel dann auch auf die Beziehung des Gottes zu den Menschen übertragen worden — wie vielleicht in den Personennamen, so gibt doch nur der Mythos die Begründung für das Königtum des Gottes.

Von Malk (oder Milk) als einem »westsemitischen Stammesgott« handelt BUBER in seinem Buch »Königtum Gottes«[4]. »Malk heißt der mitgehende Gott«, d. h. der die Nomaden auf ihren Wanderungen Führende. Die Etymologie des Wortes *mlk* kann diese These nicht stützen, ist zudem unsicher[5]. Auch sonst fehlt ein Beleg, der *mlk* als den Führer eines Stammes auswiese. Immer wieder beruft man sich auf den Namen des Stadtgottes von Tyrus[6] Melqart, um zu begründen, daß *mlk* den Gott als König der Stadt, des Volkes oder ursprünglich des Stammes zu erkennen gebe. Doch ist die Wiedergabe von Melqart mit »König der Stadt« umstritten. Es ist schon auffällig, daß keine bestimmte Stadt genannt ist, es also nicht »König von Tyrus« entsprechend »Baal von Tyrus«[7] heißt. Zudem sieht ALBRIGHT in »Stadt« sogar eine Bezeichnung der Unterwelt[8]. Selbst wenn man die traditionelle Übersetzung beibehält und in dem Namen die Bindung des Königgottes an den Stadtstaat wiederfindet, geht es nicht an, an einem einzigen vieldeutigen Namen die These aufzuhängen, der Königstitel bezeuge als solcher die Hinwendung des Gottes zu bestimmten Menschen. — Schließlich ist bisher kein Zeugnis von *mlk* aus einer Zeit bekannt, in der die Übertragung mit »König« unmöglich wäre und *mlk* den Führer des Stammes bezeichnen müßte[9]. Liegt hier nicht eine Verwechslung mit dem Vätergottglauben, wie A. ALT ihn dargelegt hat[10], vor? Die enge Bindung des Gottes an den Menschen statt an ein lokales Heiligtum und besonders die Führung von Nomaden sind Charakteristika des Vätergottes.

---

[3] Damit erhalten wir das gegenteilige Ergebnis EISSFELDTS, der *mlk* auf das Verhältnis Gottes zu seinen Verehrern deutet und erst nachträglich (nur für die babylonisch-assyrische Religion) eine »mythisch-kultische Veranschaulichung« annimmt. Er verwahrt sich dagegen, »daß hinter jeder Benennung eines Gottes als König ein Mythus oder ein Kultus gesucht werden müßte« (ZAW 1928, 88). Jetzt machen aber auch die Ras Schamra-Texte überaus deutlich, daß eben doch dort der Ursprung des Königsprädikates zu suchen ist.

[4] S. 53ff. Auch nach BAUDISSIN bezeichnet *mlk* vielleicht »ursprünglich den Führer eines Stammes« (Kyrios III, 49f.). Als »Führer« (der Karawanen) versteht auch NIELSEN (RS-Mythologie 44f.) den Titel *malik*. Ähnlich jetzt WILDBERGER, Eigentumsvolk 29. 83ff. (s. o. S. 3).

[5] »Die Urbedeutung der Wurzel ist zweifelhaft (Besitzer oder Entscheider)« (v. RAD, ThW I, 563). BAUDISSIN (Kyrios III, 613) und BUBER (KG 40[3]. 53) geben nach dem Akkadischen als ursprüngliche Bedeutung »Berater« an. Dagegen meint GRAY (LC 117): »The title (*mlk*) may originally indicate ‚possession', if we derive it from the Arabic *mlk*, and thus express the relation between the god and his worshippers as masters and slaves. On the other hand, the term may express order as against disorder.« Vgl. noch KBL s. v. מלךְ und מֶלֶךְ und WILDBERGER, Eigentumsvolk 86[38].

[6] BUBER, KG 56; auch BAUDISSIN (s. o. Anm. 2).

[7] Vgl. BAUDISSIN, Kyrios III, 31.

[8] RI 96. 219[29].

[9] So argumentieren etwa BAUDISSIN, Kyrios III, 49; EISSFELDT, ZAW 1928, 84; BUBER, KG LII.

[10] Der Gott der Väter (KlSchr I, 1—78); auch MAAG, Suppl. VT 7, 137ff., bes. 141.

Es geht erst recht nicht an, *mlk* mit Hinweis auf Jos 2 3 8 1ff. 10 3ff. Jdc 1 5f. als das Oberhaupt eines Stadtstaates zu kennzeichnen[11], da hiermit der menschliche König eines Stadtstaates und der Götterkönig einfach in eins gesetzt sind.

Vielmehr ist, ganz abgesehen von den verschiedenen Ausprägungen des göttlichen Königtums, wie es sich aus den Ras Schamra-Texten ergibt, daran festzuhalten, daß *mlk* den Gott als Herrscher in einer Götterwelt, als König über die anderen Götter, charakterisiert, während die Führergottheit eines nomadischen Stammes allein ist.

Zur Bestätigung der aus den Ras Schamra-Texten erhobenen These, daß der Königstitel ganz mythisch den Gott als Herrscher über andere Götter kennzeichnet, seien noch einige ägyptische Belege angeführt. In der Stele Amenophis' III. aus dem Totentempel heißt »Amonre, König aller Götter« oder »Amun, König der Götter«[12]. Auf der Statue des Śwrr ergeht der Ruf: »Gruß dir, Amonre, Herr des Himmels, Herr der Erden, König und Oberhaupt der Götter«[13]. Auf der Stele Tutenchamuns über die Restauration häufen sich ähnlich die Titel Amonres: »Herr der Throne der beiden Länder, Herr des Himmels, König der Götter«, während die Göttin Mut »Herrin aller Götter« genannt wird[14]. Ganz ähnlich werden im mesopotamischen Raum Anu, Enlil, Marduk und andere Götter als »König der Götter« verehrt[15].

5. KÖNIGTUM UND TEMPEL

Ein weiteres Kennzeichen des göttlichen Königtums, das am stärksten bei Baal hervortritt, harrt noch der Beachtung. Wenn Baal auch seinen Feind überwunden hat und seine Königswürde proklamiert ist, kann er seine Herrschaft doch nicht endgültig aufrichten; denn er besitzt noch kein Haus, das zugleich sein Palast, in dem er regiert, und sein Tempel ist, in dem er verehrt wird.

»Es ist kein Haus da für Baal wie (für) die (anderen) Götter,
noch ein Hof wie (für) die Söhne Ascheras«.[1]

Der Bau eines solchen Hauses ist deutlich die Voraussetzung für die Ausübung der Regierungsgewalt.

---

[11] So v. GALL, Basileia 41.

[12] W. HELCK, Urkunden der 18. Dynastie (Urkunden des ägypt. Altertums), 1961, Nr. 562, auch 572: »Götterkönig«.

[13] Dort 694; vgl. 695 von Amon: »König der Götter«.

[14] Dort 772; vgl. 805 von Re-Harachte: »der einzige Gott, König der Götter«. Weiteres bei KEES, Götterglaube, Reg. s. v.

[15] K. TALLQUIST, Akkadische Götterepitheta, 1938, 233ff.; vgl. auch B. MEISSNER, Babylonien und Assyrien II, 1925, 4. 7. 19; E. DHORME, Les religions de Babylonie et d'Assyrie (Mana 1/II) Paris 1949, 46f. Beispielsweise heißt Anu in der Einleitung des Codex Hammurabi »der König der Anunnaki« (AOT 380; ANET 164). Indem Marduk zum Götterkönig erhoben wird, wird er zum Herrscher der Welt (*Enuma eliš* IV, 14; vgl. VI, 22. 119f.: »König der Götter, Himmels und der Erde«; AOT 117. 122).

[1] Siehe S. 13, Anm. 18.

Ähnlich hebt Astar, als er von dem Verlust seines Königtums erfährt, eine Klage darüber an, daß er keinen Palast habe[2]. Auch sein Königtum könnte durch einen Tempel eine sichere Stütze gewinnen.

Schließlich strebt Jam nach einem Tempel-Palast[3], der seinem Anspruch dienen soll, die Herrschaft in der Götterwelt zu erringen.

Nach kanaanäischem, ja anscheinend gemeinaltorientalischem Glauben wird die Königsstellung eines Gottes erst durch den Tempelbau fest begründet und gesichert[4]. Es ist eine notwendige Bedingung, daß der Gottkönig einen Tempel als Palast besitzt. Göttliches Königtum und Tempel sind untrennbar.

Dabei bleibt jedoch unklar, wie sich der Palast des Mythos, den die Gottheit errichten läßt, und der Tempel auf Erden zueinander verhalten. Die Götter bauen nicht selbst ihren irdischen Wohnort (wie nach *Enuma eliš* VI den Tempelturm von Babylon?); vielmehr liegt Baals Palast auf den Höhen des Zaphon, während der Gott im Tempel von Ugarit verehrt wird. Ob der irdische Tempel den mythischen repräsentiert, lassen die Texte nicht erkennen. Für El, der seinen Wohnsitz in mythischer Ferne hat, ist überhaupt noch kein Tempel in Ugarit gefunden worden.

Im Anschluß hieran kann man erwägen, ob Jahwe, als er sich zum König über die Götter Kanaans erhob, nicht ebenfalls einen Tempel erhalten mußte, um auch nach kanaanäischem Recht auf die Dauer als Herrscher gelten zu können. Einen Beleg gibt es für eine solche Vermutung allerdings nicht. Doch: Der Tempel bildete für den Gott Israels ein neues Gut, das ihm im Kulturland relativ früh beigelegt wurde und bei dessen Errichtung man an die vorgegebenen kanaanäischen Traditionen anknüpfte. Wie die Psalmen, besonders die Thronbesteigungslieder, vor Augen führen, haften die Königsprädikationen stark an dem Jerusalemer Tempel[5]. Erst die Annahme, daß Jahwe als König eines Tempels bedarf und umgekehrt im Tempel König ist,

---

[2] 129, 15—20 (CML 76—78; anders TRS 47f.). Der Text ist so stark beschädigt, daß die redende Person sich nur unsicher rekonstruieren läßt.

[3] 129, 7—10 (S. 10, Anm. 2). Das Fragment *ʿnt pl* IX III, 27ff. (CML 74b) stellt wohl den Auftrag für einen Tempelbau Jams dar.

[4] Zu allem bietet *Enuma eliš* (VI, 38ff.; I, 73—80 = AOT 122 bzw. 111) eine Parallele, wenn dort erzählt wird, daß man Marduk nach seinem Sieg über Tiamat ein »Gemach« errichtet. Vgl. auch Willesen, VT 1952, 289—298; Kapelrud, BRST 110ff.; C. J. Gadd, Ideas of Divine Rule in the Ancient East, 1948, 6 mit weiteren Beispielen.

[5] Vgl. außer den Thronbesteigungspsalmen (47 93 96—99), den Zionsliedern (48 84 9f.?) und Jes 6 Ex 15 17f. die Stellen, wo Jahwes Königstitel im Zusammenhang mit dem Zion oder Jerusalem erscheint: Jes 24 23 33 20-22 52 7-9 Jer 8 19 (3 17) Mi 4 7 Zeph 3 14f. Sach 14 8f. 16f. Ob 21 Ps 5 24 68 74 95 146 149. »Thron der Herrlichkeit« ist das Heiligtum (Jer 17 12; vgl. 14 21). Der neue Tempel ist die »Stätte meines (Jahwes) Thrones« (Ez 43 7); vgl. auch Mt 5 35.

macht diese enge Bindung des Königstitels an den Tempel als wesenhaft und notwendig offenbar.

Eine Kleinigkeit kann vielleicht diese These stützen. Von Baals Königsthron heißt es einmal:

gršh.lksi.mlkh	Er verjagte ihn von seinem Königsthron,
lnḫt.lkḫṯ.drkth	von der Ruhestatt seines Herrschaftssitzes[6].

Zwar wird *nḫt* nicht übereinstimmend erklärt, am wahrscheinlichsten ist aber die Ableitung von *nḫ* (hebr. נוּחַ) »ruhen«, so daß sich für *nḫt* »Ruhestatt« ergibt[7]. Sollte diese Übersetzung zu Recht bestehen, ist im Alten Testament Ps 132 8 (II Chr 6 41: נוֹחַ) Ps 95 11 zu vergleichen, wo Jahwes Wohnung seine מְנוּחָה genannt wird (vgl. Jes 66 1)[8]. Daß göttliche Ruhestatt und Thron auch im Alten Testament eins sind, tritt klar in dem Jahwewort über den Tempel von Ps 132 14 hervor:

»Dies ist meine Ruhestatt für immer,
hier throne ich; denn ich habe sie begehrt.«

Kanaan und Israel verstehen den Tempel als den Ort, wo Gott zur Ruhe kommt.

Exkurs 3: Der Baalmythos im Kult

Die Erkenntnis des Zusammenhangs zwischen Königtum und Tempel läßt die schwierige Frage nach dem Sitz im Leben der ugaritischen Mythen, vor allem des Baalmythos, aufkommen. Ganz allgemein ist das Verhältnis zwischen Mythos und Kultus bzw. Ritus stark umstritten. Erklärt der Mythos als Begleittext sekundär den Ritus[1], oder ist der Ritus aufgeführter Mythos? Die neuere Religionsphänomenologie neigt dazu, Mythos und Kultus nicht mehr voneinander zu trennen, sondern beide in ihrem sachlichen Zusammenhang zu sehen. Sie gehören zueinander; denn sie fordern sich gegenseitig. Der Mythos begründet und wiederholt zugleich das Geschehen, aber er ist »nur als gesprochener das, was er ist«. So ist er »die genaue Parallele der Begehung,

---

[6] *ʿnt* IV, 46f. (CML 86b, Zl. 2f.; TRS 28), vgl. S. 44. Ganz ähnlich wird von Krt ausgesagt (127, 23f. = CML 44b; TRS 103):

jṯb.lksi mlk	Er ließ sich nieder auf dem Königsthron,
lnḫt.lkḫṯ.drkt	auf der Ruhestatt seines Herrschaftssitzes.

Vgl. noch 51, I, 34 (CML 92a, Zl. 31; anders TRS 37); 123, 18 (CML 68b; TRS 85).

[7] Mit Driver (CML 156 s. v.), auch Aistleitner (WUS 1772); vgl. נחת »Ruhe« in der Inschrift des Aḥiram-Sarkophags, der unteren Torinschrift von Karatepe (A II, 8. 13 mit Parallelen) u. ö. Gray u. a. verbinden *nḫt* mit arab. *nʾḫ* »ebnen« (to level) und geben es mit »Podium« (dais) wieder (LC 39[6]).

[8] v. Rad hat das Wort als Anlehnung an deuteronomisches Gedankengut erklärt: »Es ist noch eine Ruhe vorhanden dem Volke Gottes« (GesSt 101—108, bes. 105f.). Doch hat Israel die Vorstellung von der Gottesruhe wahrscheinlich auch in der Schöpfungsgeschichte Gen 1 1-2 4a übernommen, vgl. WM 17, 1964, 158f.
Ähnlich war der in Jerusalemer Kultsprache gebräuchliche Ausdruck מִשְׁכָּן für den Tempel schon in Ugarit üblich (128, III, 18f.; vgl. Ps 46 5 43 3; ZAW 75, 1963, 91f.).

[1] Z. B. Mowinckel, PsSt II, 19ff.; Religion und Kultus 94. So wurde der Weltschöpfungsmythos *Enuma eliš* am babylonischen Neujahrstag verlesen (s. das Ritual AOT 299; Zimmern, AO 25/3, S. 7—9). Vgl. dazu aus dem assyrischen Kommentar (KAR 143, Zl. 34, siehe v. Soden, ZA 1955, 137): »Enuma eliš, das gesprochen (oder: so genannt?) wird, das sie vor Bel im Nisan singen«.

ja er ist selbst eine Begehung«. »Die Struktur selbst des Mythus fordert also ihrem Wesen nach, daß es (lies: er) wiederholt, gespielt, getanzt wird«[2].

Läßt sich auch vom Baalmythos behaupten, daß er im Kult gesprochen oder »agiert« wurde? Die damit gestellte Aufgabe kann nur mit großer Vorsicht angegangen werden. Beispielsweise gesteht DE LANGHE, der einer kultischen Interpretation gegenüber sehr zurückhaltend ist, zunächst zu: »It may be admitted that the relationship postulated between the cult and the temples on the one hand, and the poems which the excavations have revealed to us on the other, is now, at least in principle, firmly established«, fährt dann aber vom Baalmythos fort: »one might even admit a priori the possibility of 'dramatic performances' at regular intervals. But the question still remains: what role did the cycle of texts AB play in it? The only answer yielded by the examination and analysis of the texts under discussion is: a myth with epic aspects. All the rest dissolves into hypothesis«[3].

Die meisten Tontafeln mit den ugaritischen Mythen wurden zwischen dem Baal- und Dagantempel gefunden. Dort lag die Bibliothek mit der Schreiberschule, die wohl von dem Baaltempel abhängig war, zumal in demselben Gebäudekomplex sich auch das Haus des Oberpriesters befunden zu haben scheint[4]. So werden Priester und deren Schüler die Schreiber der Texte gewesen sein[5]. Ihr Inhalt legt eine Verbindung mit dem Kult nahe, da hauptsächlich von dem Herrschaftsantritt Baals, seinem Tod und seiner Auferstehung berichtet wird. Szenische Zwischenbemerkungen, die sich allerdings weit mehr in dem Mythos von Schachar und Schalim als in dem um Baal finden[6], deuten auf ein Rezitieren der Texte oder gar eine Begehung hin. Auf Zylindersiegeln erhaltene Abbildungen von Priestern mit Tiermasken legen eine kultisch-dramatische Aufführung nahe[7]. Sind aber nicht die überlieferten Schilderungen mit den langen Wiederholungen von Szenen zu breit, als daß jeder Szene des Mythos eine Szene im Ritus entsprechen könnte? So müßte die Begehung kürzer gewesen sein, falls nicht nur eine Rezitation stattfand.

Nach allem empfiehlt es sich doch, den Kult als ursprünglichen Ort des Baalmythos anzusehen. Parallelen aus Nachbarreligionen, wie die Rezitation von *Enuma eliš* am babylonischen Neujahrstag, sind natürlich nur ein Hinweis. Doch neigt gerade das Wesen des Baalmythos mit seinem Wechsel von Herrschaft und Tod entsprechend dem Kreislauf der Natur zu einer regelmäßig wiederholten Aufführung. Verkörpert Baal die Fruchtbarkeit, so muß er ständig (jährlich?) neu erstehen.

Schließlich deuten m. E. gewisse Formeln, die in ganz verschiedenem Zusammenhang immer wieder auftauchen, auf einen kultischen Sitz im Leben. Hier fällt besonders

---

2 W. F. OTTO, Die Gestalt und das Sein ([2]1959) 77 ff; G. VAN DER LEEUW, Phänomenologie der Religion, S. 469 bzw. 471.

3 HOOKE III, 130 bzw. 141. Eine andere Betrachtungsweise faßt WILLESEN (VT 1952, 293) zusammen: »the texts are cultic, . . . can only be understood by their intimate connection with rites«.

4 Vgl. F. A. SCHAEFFER, Syria 12, 1931, 6—8; 13, 1932, 21f.; 16, 1935, 157[1]; The Cuneiform Texts 34f.

5 Vgl. 62, 53—57 (CML 114b, Zl. 16ff.; TRS 23); 52, VIII, 49 E (CML 102b; TRS 46).

6 Text 52 (CML 120ff.; TRS 58ff.) passim. Vgl. aber auch die Aufforderung in 51, V, 104f. (CML 98a, Zl. 42f.; TRS 42), ein zuvor erzähltes Stück hier einzufügen.

7 Vgl. SCHAEFFER, The Cuneiform Texts 64 mit Fig. 2 auf Tafel X und KAPELRUD, BRST 21f. Nach ihm stehen die ugaritischen Kulttexte in dem Werdegang, ihre Bindung an den Kult zu verlieren (BRST 26. 41).

der Ruf auf, der wohl bei Baals Tod und analog bei seiner Wiederkunft erscholl. Der Aufbau beider Formeln ist genau parallel:

mt.álijn.bʿl	»Tot ist Alijan Baal,
ḫlq.zbl.bʿl.árṣ	gestorben ist der Fürst, Herr der Erde!«
ḥj.álijn.bʿl	»Es lebt Alijan Baal,
iṯ.zbl.bʿl.árṣ	es ist (da) der Fürst, Herr der Erde!«

Mit einer entsprechenden Frage wird nach dem auferstandenen Baal gesucht:

ij.álijn.bʿl	»Wo ist Alijan Baal,
ij.zbl.bʿl.árṣ	wo ist der Fürst, der Herr der Erde?«[8]

Auch die Klage, daß Baal keinen Palast besitzt[9], die Warnung an Mot und Astar vor dem gewaltsamen Ende ihrer Herrschaft[10] oder das Wehe über die Menschen bei Baals Tod[11] machen einen stark formelhaften Eindruck. Diese und andere Ausrufe sind fest geprägt, werden im Text mehrfach, und zwar an entscheidenden Stellen, wiederholt und sind — über den jeweiligen Zusammenhang hinaus — so allgemein abgefaßt, daß sie sehr gut in eine kultische Begehung passen.

Hier sind auch die beiden Ausrufe einzureihen, die für ein Thronbesteigungsfest Baals in Frage kommen könnten. Nur einmal ist der Ruf bezeugt, mit dem Baals Kampf gegen den Meeresgott Jam endet:

jm.lmt	»Jam ist wahrlich tot,
bʿlm.jmlk	Baal ist König!«[12]

Die zweite Vershälfte ähnelt der Akklamation bei dem Thronbesteigungsfest Marduks: *mardukma šarru* »Marduk ist König«; denn hier wie dort wird auf das vorangestellte Subjekt, den inthronisierten Gott, durch ein enklitisches *ma* betont hingewiesen. Dabei tritt scharf hervor, daß Baals Königtum aus dem Kampf gegen Jam hervorgegangen ist. Als Folge dieses Sieges ist wohl die Proklamation Baals als König und Richter vor El anzusprechen:

mlkn.álijn.bʿl	»Unser König ist Alijan Baal,
ṯpṭn.(w)ín.dʿlnh	unser Richter! (Und) Niemand gibt es über ihm!«[13]

Sollte der gesamte Baalmythos in einer einzigen Kulthandlung begangen worden sein, hätte diese zweite Formel ihren Ort an einer späteren Stelle.

Trotz etlicher Unsicherheiten hat m. E. die Annahme jedenfalls die größere Wahrscheinlichkeit und das stärkere Recht für sich, die mit einem kultischen Sitz im Leben des Baalmythos rechnet. Sie wird durch das dem Königtum Baals eigene zyklische Werden und Vergehen geradezu herausgefordert.Irgendwie werden auch Tod und Auferstehung des Gottes szenisch dargestellt worden sein.

Hvidberg dachte als erster an ein Herbstfest mit der Tempelweihe und der Thronbesteigung Baals als dessen Höhepunkt[14]. Doch wandte sich Gordon gegen ein alljährliches Fest, da er aus den Ras Schamra-Texten selbst auf ein Sterben und Wieder-

---

[8] Die Parallelität dieser Formeln (S. 15, Anm. 35; 20, Anm. 72 und 21, Anm. 74) tritt besonders hervor. (Vgl. dagegen die Wortstellung *bʿl.mt* auf S. 61, Anm. 14).

[9] Vgl. S. 13, Anm. 18.

[10] Vgl. S. 36, Anm. 6.

[11] Vgl. S. 61, Anm. 14.

[12] 68, 32 (CML 82; TRS 52). *jm.lmt* erscheint noch eimal Zl. 34 in dem arg zerstörten Rest (wo Driver den gesamten Spruch rekonstruiert). Die gleiche Form wie *jm.lmt* hat *bʿl.mt* in einem Klageruf (s. vor. Anm.).

[13] Vgl. S. 13, Anm. 17.

[14] Weeping and Laughter 13. 54ff. u. ö.; vgl. ZAW 1939, 150ff.

auferstehen Baals in Siebenjahresperioden schloß[15]. Während andere GORDONS Beweisführung ablehnten[16], hat GRAY beide Deutungen dahin vereint, daß er an eine Überlagerung des Jahreskultes durch einen Siebenjahreszyklus denkt[17].

Soll man in dem Dreikampf Baal-Mot-Jam drei Jahreszeiten Syriens wiederfinden? Nein, die Auseinandersetzung Baal-Jam ist ganz anderer Art als die zwischen Baal und Mot. Baals Ringen mit Jam spiegelt eher den Kampf zwischen Land und Meer wider; nur der Gegensatz Baal-Mot entspricht am ehesten dem jahreszeitlichen Wechsel von Winter und Sommer. Tritt der sonst siegreiche Baal auf Mots Forderung, ihm in die Unterwelt zu folgen, ohne Zögern kampflos ab[18], so mag der Mythos damit andeuten, daß Baals Zeit nun gekommen ist. Sind demnach eine Zeit Baals und eine Zeit Mots zu unterscheiden? Leuchtet in diesem Zeitunterschied das Auf und Ab des Landwirtschaftsjahres auf: Baal verkörpert die Zeit des fruchtbringenden Regens, Mot den heißen, trockenen Sommer?

Aber die Aussage des Mythos selbst ist viel verwickelter, als es diese Gegenüberstellung ausdrückt. Mot nimmt nicht Baals Herrscherplatz ein, wie es die Darstellung der Aufeinanderfolge einer fruchtbaren und einer öden Periode erforderte; vielmehr wird zunächst ein anderer, Astar, zum Ersatzkönig und Nachfolger gewählt. Mot herrscht also nicht während der ganzen Zeit, die Baal in der Unterwelt weilt, so daß man aus dem Mythos nicht ohne weiteres schließen kann: Mot ersetzt Baal während seiner Abwesenheit von der Erde. Überhaupt wird Mot erst im eigenen Scheitern König genannt[19]. Die Götter sind nicht »gleichwertig«. Baal kommt eine weit größere Bedeutung zu; darum wird Astar Baals und nicht Mots Stellvertreter, wie auch Mots Tod gegenüber dem Tod Baals nicht beklagt wird. Der Gott des Lebens hat den Vorrang; es geht jeweils um einen Kampf für das Leben gegen den Tod.

So ist der Mythos nicht eindeutig jahreszeitlich geprägt. Es fehlt eine wirklich beweiskräftige Angabe über die Häufigkeit des ganzen Geschehens: Ist es einmalig, oder kehrt es alljährlich oder in größeren Abständen wieder? Die Bemerkung, daß Monate und Jahre vergehen, bevor sich Baal »im siebenten Jahr« nach der Rückkehr zur Erde an Mot rächt[20], vermag nicht die Annahme zu rechtfertigen, Baals Tod und Auferstehung wiederhole sich in Siebenjahresperioden. Da außerdem diese Zeitangabe in dem — am ehesten jahreszeitlich zu verstehenden — Kampf Baals mit Mot er-

15 UL 3—5; Sabbatical Year or Seasonal Pattern? Or NS 22, 1953, 79—81; vgl. v. SODEN, RGG I, 689. Es handelt sich vor allem um die Zeit, die sich zwischen Baals Auferstehung und seinen Kampf mit Mot schiebt (49, V, 7—9; o. S. 21, Anm. 76):

»Von (Tagen) zu Monaten,
von Monaten zu Jahren,
dann(?) im siebenten Jahr ...«

16 So KAPELRUD, BRST 128—130; zuletzt KUTSCH, ZThK 1958, 25—28 (vgl. RGG II, 569), der die Zeitangaben jeweils nur als Zahlensprüche anerkennt und »sieben« im Sinne von »viel« versteht. Vgl. auch die Diskussion IEJ 12, 1962, 77—88; 13, 1963, 127—132.

17 VT 1956, 270ff.; LC 60ff. 71f. 147ff.

18 Vgl. o. S. 14.

19 Vgl. o. S. 21, Anm. 79.

20 Vgl. o. Anm. 15, dazu einerseits die ähnliche Zeitangabe bei Anats Rache an Mot (o. S. 20, Anm. 67), andererseits die Folge: »sieben Jahre, acht Zeitenwenden« (75 = BH, II, 45f.; CML 72b; TRS 56f.), die eine wörtliche Auffassung des »siebenten Jahres« nicht nahelegt.

scheint und Motive des Jam-Zyklus den Mot-Zyklus durchdringen[21], überzeugt auch die Aufteilung des Baal-Jam-Mythos auf ein alljährliches Herbstfest und des Baal-Mot-Mythos auf einen Kultakt in jedem Sabbatjahr nicht. Die Frage, in welchen Abständen der Baalmythos kultisch begangen wurde, muß nach den bisher veröffentlichten Texten offen bleiben.

Sicher ist nur das eigentliche Thema des Mythos: der Kampf der Götter untereinander um das Königtum, das die Herrschaft über die Erde einschließt. Der Aufstieg des einen Götterkönigs bringt den Untergang des anderen, und das Naturgeschehen spiegelt offenbar den Herrschaftswechsel in der Götterwelt ab: Jam, Baal, Astar, Mot und wiederum Baal folgen einander. Ob Baal nun endgültig den Sieg erfochten hat oder das ganze Geschehen rhythmisch von neuem beginnt, geht aus den Texten selbst nicht eindeutig hervor.

Exkurs 4: Zu den Thronbesteigungspsalmen

Seit S. Mowinckels »Psalmenstudien II. Das Thronbesteigungsfest Jahwäs und der Ursprung der Eschatologie« (1922) läßt sich die Königsprädikation Jahwes nicht mehr ohne Beachtung jenes rekonstruierten Festes untersuchen. Ähnlich dem babylonischen Neujahrsfest, an dessen 4. Tag das Weltschöpfungsepos *Enuma eliš* mit der Proklamation Marduks zum König verlesen wurde[1], hat Mowinckel ein Thronbesteigungsfest Jahwes angenommen, das am Herbstfest, dem israelitischen Neujahr (Ex 23 16 34 22), gefeiert worden sein soll. Dieses Thronbesteigungsfest ist mindestens in vorexilischer Zeit im Alten Testament nicht unmittelbar bezeugt, wohl aber das Herbstfest allgemein. Hauptbelege sind vielmehr die sog. »Thronbesteigungspsalmen« 47 93 96—99; sie stellen keine eigene, einheitliche Gattung dar, sondern sind Hymnen mit gewissen inhaltlichen Gemeinsamkeiten: vor allem der Formel יהוה מָלָךְ »Jahwe ist König geworden« (Ps 93 1 96 10 97 1 99 1) bzw. מָלַךְ יהוה (47 6 im elohistischen Psalter; vgl. auch das »Thronen« 47 9 99 1 97 2), der Proklamation der Weltherrschaft Jahwes und der Grundstimmung der Freude.

Der gleiche Ruf מָלַךְ mit nachgestelltem Eigennamen »König geworden ist NN« ist auch bei der Inthronisation eines irdischen Königs belegt (Absalom II Sam 15 10; Jehu II Reg 9 13; beide Fälle sind wohl wegen ihrer Ausnahmesituation berichtet). Wie bei solcher Einsetzung eines menschlichen Königs so finden auch nach den Thronbesteigungspsalmen Hornblasen (II Sam 15 10 I Reg 1 34ff. II Reg 9 13 —Ps 47 6 98 6), Jubelruf (I Sam 10 24 — Ps 47 2 98 4. 6; vgl. Sach 9 9 Num 23 21) und Händeklatschen (II Reg 11 12 — Ps 47 2) statt. Doch sind diese Handlungen nicht spezifisch für den Inthronisationsakt, sondern sind allgemein im Gottesdienst üblich. Auch ist von einer regelmäßigen, etwa jährlichen, Wiederholung der Königsinthronisation nichts bekannt, noch ist bezeugt, daß die Königskrönung und das Thronbesteigungsfest Jahwes gleichzeitig stattfanden. So sind gegen das rekonstruierte Fest mannigfache Einwände erhoben worden.

In seinem Buch »Die Königsherrschaft Gottes im Alten Testament« (1951) suchte H. J. Kraus darzulegen, daß es kein vorexilisches Thronbesteigungsfest gegeben habe,

---

[21] Vgl. o. S. 44f.

[1] Vgl. o. S. 70, Anm. 1; die umfangreiche Lit. zu den Thronbesteigungspsalmen vgl. bei Bernhardt, Königsideologie.

weil die Thronbesteigungspsalmen von Deuterojesaja (Jes 52 7-10) abhängig seien[2]. Dieser Annahme steht aber der Nachweis J. BEGRICHS entgegen, daß Deuterojesajas Verkündigung nach jeder Hinsicht, formgeschichtlich und sprachlich, in der »religiösen Überlieferung« seines Volkes, vor allem in der hymnischen Tradition, wurzelt und sich auf sie beruft[3]. Diese allgemeine Feststellung wird durch zwei Einzelbeobachtungen an Jes 52 7-10 bestätigt:

a) Schon BEGRICH lehrte, den Widerspruch in dem von Deuterojesaja verwendeten Bild aus der Umwandlung einer Vorlage zu verstehen: »Daß der siegreiche Gott vom Schlachtfelde zum Triumph einzieht in seine in Trümmern liegende Stadt, daß auf der in Breschen gelegten Mauer Späher stehen, die Ausschau halten nach dem Siegesboten, läßt sich nur begreifen als eine durch die Verhältnisse der Zeit des Deuterojesaja bedingte Abwandlung eines wohlbekannten älteren Typus . . . Die Gattung hat vielmehr ursprünglich geredet von der siegreichen Heimkehr des Gottes in seine unbezwungene, vom Feinde nie betretene Stadt«[4].

b) Der Heroldsruf »Dein Gott ist König geworden« (52 7) erklärt sich leichter als Umbildung einer vorgegebenen Proklamation »Jahwe ist König geworden« als umgekehrt. Im Rahmen seiner »Trostbotschaft« hat Deuterojesaja Gottes Zuwendung zu seinem Volk durch die Änderung in »dein Gott« hervorgehoben, wie er den Siegesboten in 40 9 die Nachricht bringen läßt »Siehe da, euer Gott« oder den Königstitel nur mit Bezug auf das Volk gebraucht: »König Jakobs bzw. Israels« (41 21 44 6), »euer König« (43 15). Warum sollte dagegen später in den Thronbesteigungspsalmen diese Zusage rückgängig gemacht worden sein?

---

[2] A. a. O. 99ff.; vgl. auch Gottesdienst in Israel, [1]1954, 96ff. (anders [2]1962, 239ff.) und BK XV, 201ff. im Exkurs zu Ps 24; aufgenommen von WESTERMANN, LG 106ff.; früher schon BAUDISSIN, Kyrios III, 235f. Unbeantwortet bleibt die Frage: »Was war denn das für eine Prozession, die man in nachexilischer Zeit feierte? Die Lade Jahwes ist doch verschwunden« (S. 120). Das von KRAUS stattdessen rekonstruierte »königliche Zionsfest«, das die Erwählung Davids und Jerusalems feierte, ist eher schlechter als das »Thronbesteigungsfest« bezeugt; jedenfalls sind beide durch ganz verschiedene Themen bestimmt und können kaum ineinander umgewandelt worden sein.

[3] Studien zu Deuterojesaja, 1938, 76ff. bzw. 1963, 80ff. u. ö. Nimmt etwa der »eschatologische Hymnus« Jes 42 10-13 nicht das »neue Lied« (Ps 96 1 98 1; auch 33 3 40 4 u. a.) auf? Der sog. »Universalismus« — die Völker und die Natur nehmen an der Verehrung Jahwes teil — ist ein Zug, den Deuterojesajas Hymnus mit den Thronbesteigungspsalmen gemeinsam hat. Besonders nahe kommen sich Jes 52 10 und Ps 98 1-3 (dazu H. L. GINSBERG, JNES 77, 1958, 152—156). Eine Abhängigkeit der Thronbesteigungspsalmen von Deuterojesaja ist auch deshalb wenig wahrscheinlich, weil den Psalmen — im Gegensatz zur prophetischen Verkündigung vom Kommen Gottes (Jes 40 9) — jeder Hinweis auf eine eschatologische Zukunft fehlt. — Möchte man bei den Gerichtsreden zwischen Jahwe und den Völkern oder ihren Göttern (Jes 41 1-5 21-29 43 8-13 44 6-8) nicht einfach auf die überlieferungsgeschichtliche Frage nach der Herkunft dieser Auseinandersetzung verzichten, so wird man an ursprünglich mythische Vorstellungen, wie Ps 82 oder 96 13 98 9 96 10b u. a., denken müssen.

[4] H. GUNKEL-J. BEGRICH, Einleitung in die Psalmen, 1933, § 12, 5 (S. 420); vgl. Studien 83 bzw. 87.

Deuterojesaja selbst kann schon deshalb kein Thronbesteigungsfest entworfen haben, weil er es höchstens in Anspielungen erwähnt. Ist es überhaupt wahrscheinlich, daß ein Prophet ein Fest begründete, zumal seine eschatologische Verheißung des Kommens Gottes so nicht eintraf? Nach allem setzt Deuterojesaja eher die Tradition der Thronbesteigungspsalmen voraus. Das bedeutet gewiß nicht, daß alle überlieferten Thronbesteigungspsalmen vorexilisch sind — einige sind ziemlich sicher später zu datieren —, wohl aber, daß Deuterojesaja solche Lieder schon vorlagen.

In seinen »Studien zu den sogenannten Thronbesteigungspsalmen« suchte D. Michel den Nachweis zu erbringen, daß dem Verbum מָלַךְ nicht die Bedeutung »König werden/sein«, sondern »als König wirken, herrschen« zukomme[5]. Doch besteht die Voraussetzung, daß im Hebräischen ein Wort für den Sprechenden nur eine Bedeutung habe, kaum zurecht; denn manche Verben bezeichnen sowohl das Eintreten als auch den Zustand einer Handlung, das Werden wie das Sein. So meint etwa das sinnverwandte Verb ישׁב innerhalb eines Textes einerseits »sich niederlassen« (I Reg 1 35. 46), andererseits »sitzen, thronen« (I Reg 1 13. 17. 20. 24. 48)[6]. In demselben Bericht kann מָלַךְ in der Frage Nathans (I Reg 1 11) »Hast du nicht gehört, daß Adonia König geworden ist?« wie in der Erzählung Bathsebas (v. 18) »Und jetzt sieh, Adonia ist (auf einmal) König geworden« nur so perfektisch übersetzt werden, da beide Sätze auf eine unmittelbar vorhergehende, abgeschlossene Handlung verweisen. Die Bedeutung »König werden«, die Michel für eine bestimmte Infinitivform zugesteht[7], ist also gesichert.

Zudem hängt das Verständnis der Ps 47 93 96—99 als »Thronbesteigungslieder« gar nicht von der umstrittenen Bedeutung מָלַךְ »König werden« ab. Der Ruf יהוה מָלָךְ ist ein sog. zusammengesetzter Nominalsatz[8]; doch braucht die Wortfolge Subjekt-Prädikat nicht nur einen Zustand auszudrücken, sondern kann auch bei Betonung des Subjekts eintreten[9]. Diese Deutung liegt auch für »Jahwe ist König geworden« nahe, gerade wenn man ähnliche Akklamationen oder Proklamationen aus dem alten Orient vergleicht. Wie in dem babylonischen *mardukma šarru* »Marduk ist König« (*Enuma eliš* IV, 28) wird in dem ugaritischen *jm.lmt bʿlm.jmlk* »Jam ist wahrlich tot, Baal ist König!«[10] das Subjekt des Satzes, der Königsgott, noch durch ein angehängtes *ma* hervorgehoben. Auch in einem assyrischen und ägyptischen Beispiel steht das Subjekt zur Betonung voran: Bei einer Prozession, die den noch ungekrönten König in den Tempel des Gottes Assur führt, ruft ein Priester aus: »Assur ist König! Assur ist König!«, und nach der Inthronisation des Horus wird Re gemeldet: »Horus steht da als Herrscher!«[11]. Der Sinn ist jeweils: gerade dieser und kein anderer Gott ist König, und das

---

[5] VT 1956, 52ff.

[6] Nach I. L. Seeligmann, »Voraussetzungen der Midraschexegese«, gehört sogar »ein Bewußtsein von der Doppeldeutigkeit des Wortes zu den psychologischen Zügen des biblischen Hebräisch« (VT Suppl. I, 1953, 150—181, bes. 159).

[7] S. 63f. Sind nicht auch die vier Perfecta in Ps 93 1 gleich zu übersetzen? — Zum Bedeutungsumfang von *mlk* im Ugaritischen s. o. S. 22, Anm. 1.

[8] Michel, a. a. O. 48—52; vgl. auch Tempora und Satzstellung in den Psalmen, 1960, § 28 mit dem Exkurs über die Thronbesteigungspsalmen S. 215ff.

[9] GK § 142a; BS § 48a; L. Köhler, VT 3, 1953, 85—87. 300.

[10] O. S. 12, Anm. 12 und S. 72, Anm. 12.

[11] Frankfort, Kingship and the Gods 246, bzw. Michel, VT 1956, 40—43; [ausführlich jetzt E. Lipinski, Bibl 44, 1963, 405—460].

wird auch für יהוה מלך gelten[12]. Der Nachdruck, der auf dem Gottesnamen liegt, paßt zu der Frontstellung, in der die Thronbesteigungspsalmen gegen die anderen Götter stehen (Ps 96 4 97 7-9; vgl. 95 3). Auffällig ist, daß alle genannten Parallelen mehr oder weniger Zustandssätze sind, obwohl sie mindestens teilweise ein Thronbesteigungsfest voraussetzen.

Helfen die Ras Schamra-Texte darüber hinaus die ganz verschiedenen Motive in den Thronbesteigungspsalmen aufzugliedern? Für welche Traditionen ist eine Abhängigkeit von der kanaanäischen Umwelt zu vermuten?

a) Jahwes »Königtum« überhaupt mit der gerade in diesen Psalmen betonten Überlegenheit über die Götter (Ps 96 4 97 7. 9) erklärt sich höchstwahrscheinlich aus der polemischen Übernahme kanaanäischer religiöser Vorstellungen. Die »Huldigung« (der Götter Ps 97 7 und der Völker Ps 96 9; auch 99 5. 9 95 6 Sach 14 16), das Darbringen der »Ehre« (Ps 96 7) und die vielfältigen »Heilig«-Prädikationen (Ps 99 47 9 96 6-9 u. a.; auch »heiliger Berg« 99 9) verweisen auf die gleiche Herkunft[13]. Von daher ist auch der weltweite Herrschaftsbereich des Königsgottes vorgegeben: Jahwe ist König über die ganze Erde (Ps 47 3. 8 97 5. 9; vgl. 98 1-3 u. a.) wie über die Völker (Ps 47 2. 4. 9f. 96 7-10 98 2 99 2); auch der Titel »Herr der ganzen Erde« (Ps 97 5 Jos 3 11. 13 u. a.) ist kaum eigenständig in Israel. Der sog. »Universalismus« ist keine erst spät in Israel aufkommende Glaubensaussage, sondern zeichnet bereits die kanaanäische Religion aus.

b) Indem H. Gunkel die »Thronbesteigungslieder« formgeschichtlich auf die Psalmen 47 93 96—99 beschränkte, erschütterte er zugleich Mowinckels Grundthese, Jahwes Thronbesteigung sei Wiederholung der Schöpfung[14]. Eigentliche Schöpfungsterminologie erscheint in den Thronbesteigungspsalmen nur nebenbei in der Fremdgötterpolemik (Ps 96 5b). Die weltweite Ausdehnung der Gottesherrschaft (Ps 47 3. 8 97 9 usw.) wird nicht damit begründet, daß Jahwe die Erde geschaffen hat. Königtum und Schöpfung gehören demnach kaum ursprünglich zusammen, wie sie im Alten Testament überhaupt selten gemeinsam genannt werden (vgl. etwa den Unterschied von Ps 24 1f. und 24 7-10). Selbst in dem babylonischen Weltschöpfungsepos *Enuma eliš*, in dem beides verbunden ist, gründet sich Marduks Königtum nicht auf seine Schöpfungstat, da der Kampf gegen Tiamat ja erst der Inthronisation folgt.

c) Der vermutete Zusammenhang von Königtum und Schöpfung zerfällt bei Beachtung der ugaritischen Mythen noch stärker, weil nach ihnen in Kanaan der Gott der Schöpfung (El) und des Drachenkampfes (Baal) nicht identisch waren. Der Hin-

---

[12] Sollte Ps 47 9 deshalb von der üblichen Wortfolge abweichen, weil das Verbum nur hier ein präpositionales Objekt (»über die Völker«) bei sich führt und somit stärkeren Ton trägt (vgl. Mi 4 7 Jes 24 23)? Will Deuterojesaja in 52 7 die Handlung betonen?

[13] Vgl. S. 22ff. 85ff.

[14] Vgl. H. Gunkel-J. Begrich, a. a. O. § 3, gegenüber Mowinckel, PsSt II, 45ff. (»die Schöpfung die Grundlage seines Königtums«); Religion und Kultus 76; Der 68. Psalm, S. 19 (»Wenn Jahwe im Neujahrsfest wieder als König ‚kommt' und den Thron besteigt, nachdem er seine Feinde besiegt hat, so bedeutet das zugleich, daß er die Welt, die Schöpfung erneuert«); zuletzt noch The Psalms in Israel's Worship I, 135f.; neuerdings abgewandelt Fisher, VT 1965, 313ff. (Hat der Tempel auch kosmische Bedeutung, so ist doch der Tempelbau noch keine Weltschöpfung!)

weis auf den Meereskampf in Ps 93 ist also nicht als Schöpfungsaussage zu werten[15]. Er entfaltet die Königsproklamation (93 1), wie nach Ps 47 und 99 Gottes Königsherrschaft auf seinem geschichtlichen Wirken beruht.

d) Wie der Meereskampf in Ps 93 so erklärt sich die Theophanie in Ps 97 2-5 (99 1) aus der Aufnahme von Baaltradition. Allgemeiner und vorsichtiger gesagt: Solche Theophanieschilderungen leiten sich nicht von den Sinaiereignissen ab, sondern sind ursprünglich Züge der Gewittergottheit, wie sie unter verschiedenem Namen in Israels Umwelt verehrt wurde[16].

e) Das Nebeneinander der Gottesprädikationen »König« und שפט »Richter« bzw. »Herrscher« der Erde (Ps 96 13 98 9) läßt sich vielleicht mit Baals Titel *ṯpṭ* »Herrscher« vergleichen[17]. Ist bereits auch die Vorstellung vom Völkergericht (vgl. noch Ps 96 10b) vorgegeben oder erst in Israel entstanden[18]?

In den Thronbesteigungspsalmen sind also Vorstellungen des Königtums Els wie Baals zusammengeflossen. Insgesamt überwiegt aber das dynamische Königtum, wie es der Darstellung Baals in den ugaritischen Mythen entspricht, über die statischen Züge des Königtums (Els). Nach den Ras Schamra-Texten ist ja nur ein Thronbesteigungsfest Baals möglich; ob es aber überhaupt ein Thronbesteigungsfest des Jerusalemer Stadtgottes (El) Eljon (vgl. Ps 47 3 97 9) gegeben hat?[19] So bleibt die Frage: hat Israel im Laufe der Übertragung des Königstitels auf Jahwe auch ein »Thronbesteigungsfest« aus seiner unmittelbaren Umgebung übernehmen können? offen. Schon aus den ugaritischen Texten läßt sich ein solches Fest nur erschließen, für Jerusalem ist es reine Vermutung. Die Übernahme eines solchen Festes in Israel bleibt mindestens ungewiß, nur die Übernahme des Königstitels und mancherlei mit ihm verbundener Vorstellungen und Motive läßt sich erweisen.

Außerdem sind gewisse grundsätzliche Bedenken nicht entkräftet: Das Alte Testament kennt kein Werden und Vergehen Jahwes, kein vorübergehendes Verlieren und Zurückgewinnen seiner Herrschaft, wie Baal vom Abstieg in die Unterwelt bis zur Wiederauferstehung sein Königtum aufgibt. Eine Machtübertragung auf Jahwe, etwa durch eine unmittelbare Anrede »Du sollst König sein«[20], wie die Inthronisation eines Gottesbildes ist undenkbar; vielmehr ist auch nach Ps 93 2 Jahwes Königsherrschaft unveränderlich. Insofern ist der Name »Thronbesteigungspsalmen« fragwürdig und mißverständlich, weil er voraussetzen könnte, Jahwe habe sein Königtum zeitweilig eingebüßt. Sagt aber umgekehrt nicht der Name »Jahwe-Königs-Hymnen« zu wenig, weil in den Psalmen doch Jahwes Königtum mit einer, wenn auch näher unbekannten,

[15] Der metrische und sprachliche Anschluß von Ps 93 an die Ras Schamra-Texte ist stärker als an *Enuma eliš* (o. S. 46f.). Greift v. 1b — die Erde steht fest und wankt nicht (vgl. Ps 96 10 99 1) — nicht eher Terminologie von Theophanie, Erdbeben oder Chaoskampf auf als Schöpfungsaussagen? Vgl. Ps 46 3f. 6f. 75 4 104 5 Jes 24 19.

[16] Vgl. o. S. 48, Anm. 17f.

[17] Vgl. o. S. 38f.

[18] Vgl. u. S. 91f. — Wird Gottes Königsherrschaft in seinem geschichtlichen Wirken gesehen (Ps 47 4f. 99 4. 6-9) oder Jahwes Treue und Verläßlichkeit herausgestellt (93 5 98 3 u. a.), so liegen hier gewiß israelitische Traditionen vor. Demnach vereinen die Thronbesteigungspsalmen israelitisches und kanaanäisches Gut; so mag sich das Nebeneinander von »Partikularismus« — Jahwes Zuwendung zu Israel — und »Universalismus« — seine weltweite Herrschaft — erklären.

[19] Vgl. o. S. 31, Anm. 7 und S. 58.

[20] Vgl. o. S. 10, Anm. 3, auch S. 16, Anm. 44.

gottesdienstlichen Handlung verbunden zu sein scheint? Auszugehen ist von Ps 47 6, der doch wohl einen gottesdienstlichen Akt voraussetzt (zu עלה vgl. I Reg 1 35. 40. 45 u. a.)[21]. Weiter ergeht die Aufforderung zum Singen und Spielen, begleitet von Jauchzen und Hornblasen (v. 7f. u. ö., s. o.). Ob nicht der König Jahwe in einer Ladeprozession, bei der der Ruf »Jahwe ist König geworden!« angestimmt wurde, in das Heiligtum (Ps 93 5 96 6. 8 u. a.) einzog? Vielleicht läßt Ps 24 7ff. eine Ladeprozession am Tempeleingang erkennen, bei der Jahwe als »König der Ehren« verkündet wird (vgl. weiter Ps 48 13f. 68 25 u. a.). Gerade das Wechselgespräch beim Einzug der Lade in Ps 24 7ff. bietet als Parallele auch eine Erklärung dafür, daß Ps 47 6 vom Aufzug Jahwes (und nicht der Lade) erzählt; denn Jahwe ist auf der Lade gegenwärtig. Meint nicht auch Ps 47 9 »der heilige Thron« die Lade (I Sam 4 4 II Sam 6 2 Jer 3 16f.)? Als Ladeprozession müßte die Feier vorexilisch gewesen sein. Allerdings ist sogar zweifelhaft, ob es in Jerusalem über die historisch einmaligen Vorgänge von II Sam 6 und I Reg 8 hinaus überhaupt eine regelmäßige Ladeprozession gegeben hat. Tatsächlich wissen wir von Israels Gottesdienst wenig Sicheres, so daß man gegenüber allen kultgeschichtlichen Rekonstruktionen und Hypothesen skeptisch sein muß. Darum ist die Annahme eines solchen Festes, bei dem der Ruf »Jahwe ist König geworden« erscholl, nicht mehr als eine Möglichkeit; erst recht ist über den Verlauf des Festes nichts bekannt.

»Jahwe ist König geworden« ist dabei nicht als Inthronisationsruf zu verstehen, sondern als Proklamation, die Jahwes Herrschaft an Dritte allgemein kundtut (so explizit Ps 96 10; auch Jes 52 7 II Sam 15 10).

---

[21] Schon bei EISSFELDTS »bildlicher Deutung« (ZAW 1928, 101f. = KlSchr I, 190) blieb die Textaussage eigentlich unerklärt.

D. DAS KÖNIGTUM GOTTES IN ISRAEL

Da die augenfälligen Beziehungen zwischen kanaanäischen Aussagen über das Königtum eines Gottes und alttestamentlichen über das Königtum Jahwes so eng sind, daß sie die Annahme der Abhängigkeit herausfordern, heischt die historische Frage: Kannte Israel schon in der Zeit vor der Landnahme ein göttliches »Königtum«? eine kurze Antwort[1]. Dabei ist streng nur nach dem Vorkommen des Königtitels zu fragen; allgemeinere Aussagen über Jahwes Wirken im Heiligen Krieg oder eine göttliche Führung des Volkes fallen nicht unter dieses Thema.

1. ERWÄHNUNGEN VON JAHWES KÖNIGTUM AUS DER ZEIT VOR DER LANDNAHME

Das geringe und in den Büchern des Alten Testaments ungleichmäßig verteilte Zeugnis von Jahwes Königtum — es fehlt in der Rechts- und Weisheitsliteratur völlig, findet sich in den prophetischen und geschichtlichen Büchern nur selten und ist am häufigsten im Psalter — läßt ALT in seinen »Gedanken über das Königtum Jahwes« feststellen: »Dieser Tatbestand spricht sehr dagegen, daß man die Vorstellung vom Königtum Jahwes für eine Urgegebenheit der israelitischen Religion halten dürfte, die ihr von jeher zu ihrem Selbstverständnis unentbehrlich gewesen wäre«[2]. Dem kann man mit v. RAD[3] noch hinzufügen: »Überhaupt geschieht die Prädizierung Jahwes als König viel mehr im hymnischen Überschwang der gehobenen Rede, als daß man gerade sie für einen besonders bedeutsamen Exponenten einer prinzipiellen Glaubenshaltung ansehen dürfte«[4].

---

[1] Vor allem BUBER, Königtum Gottes (vgl. o. S. 2, Anm. 4 und S. 67) bejahte diese Frage, indem er sich auf Ex 15 18 19 6 Num 23 21 Dtn 33 5 berief (S. XXXVIIIf.); auch WILDBERGER (o. S. 3, Anm. 11) oder CROSS-FREEDMAN, »The kingship of the gods is a common theme in early Mesopotamian and Canaanite epics. The common scholarly position that the concept of Yahweh as reigning or king is a relatively late development in Israelite thought seems untenable in the light of this, and is directly contradicted by the evidence of the early Israelite poems; cf. Num 23 21 Dtn 33 5 Ps 68 25 24 9 «(JNES 14, 1955, 250). — Dem sei die etwas sonderbare Ansicht von C. F. WHITLEY entgegengehalten (The Call and Mission of Isaiah, JNES 18, 1959, 38—48), daß das Vorkommen des Königsprädikates in Jes 6 5 »raises the question as to the currency of this notion in Isaianic times« und erst Deuterojesaja zuzuweisen ist (S. 41).

[2] KlSchr I, 345; vgl. auch HEMPEL, RGG III, 1706f.

[3] ThW I, 568.

[4] In den Psalmen wird mit der einen Ausnahme des individuellen Klagelieds Ps 5 3 nur in hymnischen Zusammenhängen Jahwe »König« (Substantive und Verb) ge-

Dieses Urteil bestätigt sich durch einen Blick auf die israelitischen oder vorisraelitischen Traditionen des Pentateuch. Dort werden die Vätergötter nie zu Königen erhoben[5]; die Nomaden verehrten ihren Gott demnach nicht als König. — Ähnlich steht es bei dem Themenkomplex: Herausführung aus Ägypten, Führung in der Wüste und Hineinführung in das Kulturland.

Der Auszugstradition ist das Meerlied Ex 15 1-18[6] eingeordnet. Es wird Mose zugeschrieben, der es nach der großen Befreiungstat angestimmt haben soll (15 1). Doch schießt der Inhalt — in der Entfaltung der allgemeinen Aussage: »Jahwe ist ein Kriegsmann« (v. 3) — über den Untergang der Ägypter (v. 4-12), die Führung in der Wüste (v. 13a) weit hinaus zur Landnahme mit der »Einpflanzung« an Jahwes Wohnstätte (v. 13b-17). V. 14 f. erinnern an den Kampf mit den Philistern, Edomitern und Moabitern. Der Hymnus verbindet also verschiedene Traditionen miteinander. Unter ihnen findet sich auch ein Überlieferungsstrang, der in seinem Wortfeld den ugaritischen Aussagen vom Götterkönig gleicht: »Berg des Eigentums«, »Thronen«, »Heiligtum«, »König für immer« (v. 17-18). Schon die polemische Frage v. 11 stellt Jahwe als unvergleichlich den kanaanäischen Göttern (*ēlim*) gegenüber[7], während v. 17 und v. 13 auf den Zion zielen, der Jahwes Tempel trägt, so daß das ganze Lied keinesfalls vor dem 10. Jahrhundert, wahrscheinlich erst später, entstanden sein kann.

---

nannt: so in den Hymnen Ps 24 7ff. (Torliturgie aus hymnischen Elementen) 29 10 68 25 (vorwiegend hymnisch) 95 3 103 19 145 1. 11ff. 146 10 149 2, den Thronbesteigungspsalmen 47 93 96—99 und den Zionsliedern 48 3 84 4 (beide Untergattungen des Hymnus kommen sich in den Motiven sehr nahe); schließlich in hymnischen Partien der Klagelieder des einzelnen 10 16 22 29 und des Volkes 44 5 74 12. — Der Königstitel tritt gerne in hymnischen Erweiterungen der Einführungsformeln prophetischer Rede auf: Jes 44 6 41 21 43 15 (hier in die Gottesrede hineingenommen); Jer 46 18 = 48 15 = 51 57 ist er völlg formelhaft in die Fremdvölkerorakel eingefügt. — Der hymnische Charakter (auch Ex 15 18 I Chr 29 11) hat sich z. T. bis in die Zeit des Neuen Testamentes erhalten, siehe die Doxologie nach dem Vaterunser (zu Mt 6 13).

5 Dies argumentum e silentio allein widerspricht eindeutig Bubers These, daß der Titel *malk* den Gott als den die Nomaden auf ihren Wanderungen führenden kennzeichne.

6 Das Meerlied gehört wahrscheinlich keiner der Pentateuchquellen an und setzt den kurzen, weit älteren Hymnus v. 21 b voraus; die umfangreiche Lit. vgl. bei G. Fohrer, Überlieferung und Geschichte des Exodus, BZAW 91, 1964, 110ff.

7 Sollte parallel zu *ēlim* mit LXX »unter den Heiligen« (vgl. Ps 89 6-8) statt »im Heiligtum« ursprünglich sein (vgl. Beer z. St.), liegt auch die in den Ras Schamra-Texten bezeugte Benennung der Götter als »Heilige« (*bn qdš*) vor, vgl. S. 28f.

17 Du brachtest sie und pflanztest sie auf den Berg deines Eigentums.
Eine Stätte für dein Thronen[8] hast du gemacht, Jahwe,
ein Heiligtum, Herr, haben deine Hände errichtet.
18 Jahwe herrscht als König für immer und ewig.

Wie in v. 17 der »Berg deines Eigentums« durch »Heiligtum« erläutert wird, entsprechend redet Baal von seinem Berg, dem Zaphon:

bqdš.bǵr. nḫltj an heiligem (Ort), auf dem Berg meines Eigentums[9].

Also greift Ex 15 17 ähnlich wie Ps 48 3 zur Beschreibung des Zions kanaanäischen Wortschatz von dem Gottesberg (wiederum dem Sitz Baals!) auf. Auf die gleiche Herkunft verweist auch v. 18, zumal hier Jahwe ein unbeschränkt dauerndes Königtum, wie es die Ras Schamra-Texte von Baal kennen[10], zugesprochen wird. Ex 15 17. 18 scheiden also nicht nur als Beleg für Jahwes Königtum aus der nomadischen Zeit aus, sondern enthüllen erneut die Verbindung zu dem kanaanäischen Gottkönigtum, wie es speziell Baal eigen ist.

In die Landnahmetradition sind die Bileamsprüche (innerhalb der Bileamerzählung Num 22—24) eingefügt. Die beiden älteren Segenssprüche (Num 24 3-9. 15-19 mit den späteren Ergänzungen v. 20-24) überliefert der Jahwist, während die Segensworte des Elohisten (Num 23 7-10. 18-24) auf jenen Sprüchen beruhen und im Zusammenhang der Erzählung von Num 23 entstanden sind[11]. In dem zweiten der jüngeren

---

[8] שִׁבְתְּךָ gewöhnlich mit »Wohnen« übersetzt, bedeutet hier »Thronen« (vgl. v. 18) wie *ṯbtk* in zwei ugaritischen Parallelen »(Thron-)Sitz«, vgl. S. 36, Anm. 6 und *ksú ṯbth* »sein Thronsitz« in 51, VIII, 12 (CML 102a); 67, II, 15 (CML 104a); *ʿnt* VI, 15 (CML 90b). — Auffälligerweise gibt KBL für ישׁב die Bedeutung »thronen« gar nicht an, die das Wort aber eindeutig mit umfaßt. Recht häufig (gegen vierzigmal) erscheint die Verbindung יָשַׁב עַל־כִּסֵּא, die im Perfekt »er ließ sich auf dem Thron nieder« (I Reg 1 46, vgl. ugaritisch S. 70, Anm. 6) und im Imperfekt »er thront auf dem Thron« (I Reg 1 13. 17 u. ö.) zu übersetzen ist.

Von Jahwe wird ausgesagt, er throne auf den Keruben (I Sam 4 4 II Sam 6 2 u. ö.); auf einem Thron (I Reg 22 19 = II Chr 18 18 Jes 6 1 Ps 47 9; vgl. Ps 9 5); auf dem Zion (Ps 9 12; vgl. Joel 4 20); auf der Flut (Ps 29 10); im Himmel (Ps 2 4 123 1 I Reg 8 39. 43. 49; vgl. Ps 11 4 103 19 Jes 66 1); über dem Kreis der Erde (Jes 40 22); auf den Lobpreisungen Israels (Ps 22 4); in Ewigkeit (Ps 9 8 102 13 Thr 5 19).

[9] Vgl. S. 34, Anm. 18. Durch diese Parallele ist das Verständnis von הר als Bergland unwahrscheinlich geworden. Sollte der Ausdruck dennoch von Jerusalem auf das ganze palästinische Gebirge übertragen worden sein, so bleibt die Beziehung zu den ugaritischen Texten trotzdem bestehen.

[10] Vgl. o. S. 53f. Beachtenswert ist auch, daß die alttestamentlichen Parallelen zu v. 18 erst der späteren oder gar spätesten Zeit entstammen.

[11] Vgl. Mowinckel, ZAW 1930, 233—271; Rendtorff, RGG I, 1290f. (Art.: Bileam und Bileamsprüche) mit weiterer Literatur.

Sprüche (Num 23 18-24), der Jahwes festen Entschluß kundtut, Israel zu segnen, lautet v. 21b:

Jahwe, sein Gott, ist mit ihm,
und Königsjubel ist in ihm.

Die *T^e^ru'a* ist ein Huldigungsruf, der wie nach der Königswahl Sauls (I Sam 10 24) hier vor König Jahwe erfolgt[12]. Da in I Sam 10 24 das Volk dem neu ernannten König akklamiert, so könnte man hier mit MOWINCKEL[13] an eine Erwähnung des Königsjubels bei einem Thronbesteigungsfest Jahwes denken. Doch ist dies eben nur eine Möglichkeit. — Bedeutsam ist der sich anschließende Vers Num 23 22, der wohl aus 24 8 übernommen ist:

El, der ,ihn' aus Ägypten führte,
hat Hörner wie die eines Wildstieres.

Dieser Übersetzung gebührt wohl der Vorrang vor einer, die in der zweiten Vershälfte לוֹ auf Israel bezieht:

»(El) ist ihm (Israel) wie die Hörner eines Wildstieres«, d. h. Waffe und Schutz[14].

In beiden Fällen ist deutlich, daß auch in Num 23 21 f. eine Tradition erscheint, deren Ursprung in Kanaan liegt. Doch unabhängig davon gilt: Der ganze Inhalt der Bileamsprüche bekundet ihre Entstehung im Kulturland, da sie die Machtverhältnisse dort als Wirkung von Segensworten aus alter Zeit erklären. Außerdem wird in den älteren Bileamsprüchen (Num 24 7) Agag erwähnt, der ein Gegner Israels in der Zeit Sauls war (I Sam 15 8 ff.), während Num 24 17-19 einen Preis auf David darstellen wird.

Den Bileamsprüchen stehen die Stammessprüche in Dtn 33 gattungsmäßig nahe; denn auch sie beschreiben Zustände im Kulturland als Folge eines frühen, wirkungskräftigen Segens, den Mose zum Abschied vor seinem Tod erteilt haben soll (33 1). Doch ist der nun folgende »Mosesegen« keineswegs einheitlich, vielmehr umgibt ein Psalm (33 2-5. 26-29), der wohl einmal unabhängig für sich bestand,

---

[12] Vgl. HUMBERT, La ,Terou'a' S. 20 (u. 30ff.): »la *teru'at melek* paraît certainement désigner, d'après le parallèle I Sam 10 24, les acclamations enthousiastes, le tonnerre d'acclamations qui saluent le roi Yahvé«.

[13] PsSt II, 43. 190; ZAW 1930, 267; vgl. SCHMID, ZAW 1955, 171; anders BUBER, KG 108f. KRAUS (Gottesdienst in Israel[1] 105f.) erwägt im Zusammenhang mit Num 23 22, »daß in Nordisrael eine kultische Inthronisation Jahwes mit dem Stierkult verbunden war«.

[14] Vgl. Dtn 33 17. Der (wahrscheinlich sekundäre, s. BHK) masoretische Text von v. 22a »der sie führte« spricht gegen das zweite Verständnis, da er jedenfalls einen Rückbezug von לוֹ (v. 22b) auf Jakob-Israel (v. 21) über v. 22a ausschließt. — MOWINCKEL (ZAW 1930, 263, Anm. 1) streicht 24 22 als Entlehnung aus 24 8, da v. 22 »nicht besonders gut« zwischen v. 21 und v. 23 paßt, was möglich, aber nicht notwendig ist, da die Sprüche von Kap. 23 mancherlei Entlehnungen aus Kap. 24 enthalten (dort S. 265).

die eigentlichen Stammessprüche (33 6-25)[15]. Liest man den Rahmenpsalm in seiner ursprünglichen Zusammengehörigkeit, so folgen v. 5 und v. 26 aufeinander:

5 Und er wurde König in Jeschurun,
als sich versammelten die Häupter des Volkes,
die Stämme Israels insgesamt.
26 Keiner ist wie der Gott Jeschuruns,
der am Himmel dahinfährt zu deiner Hilfe
und in seiner Hoheit auf den Wolken.

Wer ist der König, der die Herrschaft über Jeschurun — ein Ehrenname (»der Redliche«) für Israel — antrat[16]? Der Anschluß von v. 26 an v. 5 legt die Deutung nahe: er ist Jahwe selbst; denn v. 26 nennt den, der in v. 5 König in Jeschurun wurde, nun Gott Jeschuruns[17]. Jahwe kam — ist das Verständnis richtig — vom Sinai, um über Israel König zu werden. — Wiederum mag man eine Anspielung auf ein Thronbesteigungsfest erkennen; in dem Gang der Überlegungen ist jedoch wichtiger, daß v. 26 in »Himmelfahrer« erneut kanaanäische Tradition aufnimmt. Gerade wer Dtn 33 wie den vorher angeführten Pentateuchtexten ein sehr hohes Alter zuschreiben möchte, muß sich jeweils mit den vorliegenden Anspielungen auf ugaritische Sprachformen auseinandersetzen. Baals Beiname *rkb ʿrpt* »Wolkenfahrer« wird in nur geringer Abwandlung in Ps 68 5 (vgl. Jes 19 1) Jahwe beigemessen. Ps 68 34[18] und ähnlich Dtn 33 26 greifen diese Aussage in der Form »der im Himmel dahinfährt« auf. Da hier das Verbum רכב nicht das Reiten, sondern das Fahren in einem »mit Pferden bespannten Kriegswagen«[19] meint, sind die Wolken als

---

[15] Dtn 33 gehört wahrscheinlich keiner der Pentateuchquellen an. Die Literatur vgl. bei H. J. ZOBEL, Stammesspruch und Geschichte: BZAW 95 (1965). — Zu v26a vgl BHK.

[16] SCHMID (ZAW. 1955, 172) sieht in der Nachfolge BUDDEs in dem König (v. 5) einen irdischen Regenten: »Man könnte an Saul denken, der von den Häuptern des Volkes in Mizpa erwählt wurde (I Sam 10 7ff.), oder noch besser an David, der von den Repräsentanten der Stämme Israels in Hebron als König anerkannt wurde (II Sam 5 1ff.).« Auch nach v. RAD ist »der Satz auf das Aufkommen des irdischen Königtums in Israel zu beziehen« (ATD 8, z. St.). In diesem Fall scheidet Dtn 33 5 als Beleg für Jahwes Königtum ja überhaupt aus.

[17] Zu demselben Ergebnis führt eine kurze Betrachtung des Inhalts von Dtn 33 2-5. V. 2 schildert eine Epiphanie Jahwes von Sinai her. V. 3a bezieht sich weiter auf Jahwe; doch v. 3 ist kaum übersetzbar, mindestens v. 3b unverständlich. V. 4, wenigstens 4a, befremdet im Zusammenhang und stellt wohl einen Einschub dar. Also bleibt Jahwe von v. 2 ab(wie erneut in v. 26) die handelnde Person. Ein Subjektwechsel in v. 5 ist durch nichts angezeigt. — Die Verbindung von Theophanie und Jahwes Königtum kennen auch Ps 97 99 1 Sach 14.

[18] Auch Ps 68 34b entspricht der Charakteristik Baals, vgl. Ps 29 3ff. und S. 48, Anm. 17f. (und zu 68 35a Ps 29 1f.).

[19] GALLING, ZThK 53, 1956, 131. 144f.; vgl. S. MOWINCKEL, VT 12, 1962, 278—299.

ein Kriegswagen vorgestellt. Diese Deutung findet in Ps 104 3 ihre Stütze, wo Jahwe hymnisch gepriesen wird, da er »die Wolken zu seinem Wagen macht«. Das Bild des Wolkenfahrers paßt vorzüglich zu Baal, der seine Blitze schleudert und seine Donnerstimme ertönen läßt[20]. Schließlich sagt Ps 18 11 innerhalb einer Theophanieschilderung (v. 8-16), in der besonders v. 14. 15 kanaanäischem Vorbild entsprechen, von Jahwe: »und er fuhr auf dem Kerub dahin«. In dieser Beschreibung kreuzen sich die Prädikationen Baals »der auf den Wolken dahinfährt« und Jahwes »der auf den Keruben thront«. — Wieder macht das Nebeneinander von kanaanäischen Gottesaussagen und Jahwes Königsprädikation in Dtn 33 wahrscheinlich, daß auch sie in dem Bereich der Umweltreligion beheimatet ist, mit der Israel im Kulturland[21] bekannt wurde.

2. JAHWE ALS KÖNIG DER GÖTTER. DIE ÜBERNAHME DES KÖNIGSTITELS

Aus dem kurzen Überblick geht hervor, daß die Stellen des Pentateuch, die Jahwe die Königswürde beilegen, erst in die Zeit nach der Landnahme fallen. Den Überlieferungen Israels aus der Zeit vor der Landnahme: Erzväter, Befreiung aus Ägypten, Hineinführung ins Kulturland, Sinaioffenbarung[1], ist ein göttliches Königtum unbekannt. Weder der »Gott der Väter« noch der Gott Moses — wenn man ausnahmsweise so Exodus- und Sinaitradition zusammenfassen darf — wurde als »König« verehrt.

Der Einwand, daß die Vorstellung vom göttlichen Königtum gemeinorientalisch sei und darum auch Israel vor der Landnahme bekannt gewesen sein muß, ist nicht stichhaltig; denn aus der Nomadenzeit bietet das Alte Testament eben keinen Beleg für die Anwendung des Königstitels auf Jahwe.

Aber seit dem Eindringen in das Kulturland begegnet den Gruppen oder Stämmen, die sich später unter dem Namen »Israel« zusammenschlossen, ein Glaube an eine umfangreiche Götterfamilie mit einem königlichen Herrscher an der Spitze, und bis weit in die staatliche Zeit hinein mußten sie sich der Religion der Landesbewohner stellen. Um die fremden Götter ihrer Vorherrschaft im Lande zu berauben, zog Jahwe Wesenszüge dieser Götter — u. a. auch das Königs-

---

[20] Vgl. S. 48, Anm. 17f.

[21] Darauf deutet auch im vorletzten Vers des umrahmenden Psalmes »ein Land mit Korn und Wein, sogar sein Himmel träufelt Tau« (Dtn 33 28b), vgl. ähnliche Aussagen im Baalmythos (S. 62, Anm. 16).

[1] Ex 19 6a »Ihr sollt mir ein Königtum von Priestern (?) und ein heiliges Volk sein« stellt wohl trotz einiger Spracheigentümlichkeiten von v. 3b ff. ab einen Zusatz deuteronomistischen Stils dar (Noth, ATD 5 z. St.). Der Sinn des Satzes ist sehr umstritten; er braucht nicht einmal auf Jahwes Königsherrschaft bezogen zu werden, vgl. die Literatur bei G. Fohrer, ThZ 19. 1963, 359—362.

amt — auf sich. Erst nach der Landnahme oder gar noch später bei zunehmendem Kultureinfluß der kanaanäischen Umwelt erfolgte die Übernahme der Vorstellung von Gott als König, die Israel in seiner nomadischen Frühzeit noch nicht kannte.

Schon A. ALT hat unter Hinweis auf Jes 6 I Reg 22 19ff. Ps 29 (auch Gen 1 26 3 22 11 7 u. a.) dargelegt, daß Jahwe in Kanaan zum »Oberhaupt eines Kreises ihm zugehöriger, aber von ihm abhängiger Wesen der göttlichen Sphäre« wurde. »Das Aufkommen der eigenartigen Vorstellung von Jahwes königlichem Thronen inmitten einer Schar untergeordneter göttlicher Wesen erklärt sich ... aus der Situation, in der das Volk Israel in der Zeit zwischen seiner Landnahme und seiner Staatenbildung in Palästina lebte«[2]. Was bei den aufgezählten Stellen bereits anklingt, wird in anderen Texten noch deutlicher: Jahwes Königtum ist zunächst nichts anderes als die Vorherrschaft über die anderen Götter. Gerade die Thronbesteigungslieder und Ps 95 verkünden Jahwes Königtum über die Götter (deren Existenz nicht geleugnet ist):

> Ihm huldigen alle Götter (Ps 97 7).
> Hoch erhaben ist er über alle Götter (Ps 97 9).
> Furchtbar ist er über alle Götter (Ps 96 4). Besonders:
> Ein großer Gott ist Jahwe und (großer) König über alle Götter (Ps 95 3).

Der Jahweglaube begnügt sich jedoch nicht mit Jahwes Vorrang, sondern entmächtigt seine Rivalen (vgl. Ps 96 5), ja zielt sogar darauf, diese zu beseitigen. Auf einer Zwischenstufe werden die fremden Götter zu bloß göttlichen Wesen in dem himmlischen Hofstaat Jahwes degradiert, die seiner Macht unterstehen.

Bevor wir dieser Wandlung weiter folgen, ist nochmals an die beiden grundverschiedenen Arten eines göttlichen Königtums, die aus den Ras Schamra-Texten erhoben wurden, zu erinnern. Motive, die Baals Königtum kennzeichnen, tauchen im Alten Testament als Aussagen über Jahwe wieder auf: Der Thronsitz auf dem Gottesberg im Norden, das Richtertum des Königsgottes, der Kampf gegen Feinde, die ununterbrochene Dauer der Herrschaft. Anders das Königtum Els! Es tritt weniger in so mannigfachen Einzelheiten hervor, sondern

[2] KlSchr I, 352f.; vgl. SCHMID, ZAW, 1955, 172f. Nach EISSFELDT (JSS 1956, 25ff.) erkannte Jahwe, als er in Els Herrschaftsbereich eintrat, zunächst dessen höheren Rang an und verdrängte ihn erst allmählich, um schließlich selbst der höchste Gott zu werden. Von Jahwes Unterordnung unter El scheint nämlich das Alte Testament noch Spuren bewahrt zu haben. Nach Dtn 32 8-9 teilte El den Göttern ihre Völker zu; dabei erhielt Jahwe Israel. In Ps 82 steht Jahwe als Richter in der Ratsversammlung Els. Entsprechend legt EISSFELDT Ps 91 aus (WO 1957, 343ff.): Ein Anhänger El Eljon-Schaddajs (91 1-2) entschließt sich zur Jahweverehrung und erfährt dabei von einem Jahwegläubigen freudig-ermunternden Zuspruch (v. 3-13), vielleicht bei Davids Besetzung Jerusalems. Vgl. noch R. DUSSAUD, Yahwé, fils de El, Syria 34, 1957, 232—242.

äußert sich hauptsächlich in Els Titel *mlk*, der mehrfach seinem Eigennamen (*il mlk*) so beigefügt ist, wie Jahwes Königsprädikation in Ps 98 6 (der König Jahwe) oder Jes 6 5 (der König Jahwe Zebaoth) attributiv auftritt. Da El der Götterversammlung vorsteht, wird der in einem himmlischen Hofstaat thronende Jahwe gerade seine Stelle eingenommen haben. Vielleicht kann man auch in der Huldigungszeremonie vor dem Königsgott mit der »Ehre«-Akklamation und in der Gottesprädikation »der Heilige« Überbleibsel aus seinem Königtum erkennen.

Nach allem dürfte deutlich geworden sein, daß Jahwe das Königtum Els und Baals auf sich vereinigt hat[3]. Daher läßt sich auch nicht mehr mit der üblichen Ausschließlichkeit sagen, daß Baal Jahwes Gegner und Rivale war, während Jahwe mit El identifiziert wurde. So schreibt EISSFELDT: »Im Unterschied von Baal, dem Jahwe in unversöhnlicher Feindschaft gegenübersteht, ist El mit Jahwe ... verschmolzen worden, und zwar in der Weise, daß er in Jahwe aufgegangen ist, aber ihm doch auch von seiner Art manches abgegeben hat«[4]. Dieses Urteil ist zu undifferenziert. Zwar war Israels Haltung gegenüber der fremden Religion die der Aufnahme des Berechtigten und Notwendigen einerseits, der Ablehnung des mit dem eigenen Glauben Unvereinbaren andererseits, doch durchschneidet dieses Sowohl-als-auch von Anerkennung und Abstoßung die fremden Götter selbst, indem es ihre Eigenschaften und ihr Wirken einzeln trifft und auswählt. Anders kann der Vorgang auch nicht verlaufen sein, da für Jahwes Macht der Bereich keines Gottes ausgespart bleiben konnte. Von beiden Göttern wurden Züge auf Jahwe übertragen. So mußte Jahwe etwa El als Schöpfer und Baal als Spender von Fruchtbarkeit und Leben sowie als Sieger im Meereskampf entthronen und das Gottkönigtum beider an sich reißen. Dagegen mußte er beiden letztlich ihren Stiercharakter, Baal noch besonders das Sterben und Wiederauferstehen nehmen; denn diese mythischen Vorstellungen waren mit

---

[3] Da das Nebeneinander von Els und Baals Königtum bisher fast unbeachtet blieb, kann EISSFELDT z. B. schreiben: »So scheint die Vorstellung ... als König von El auf Jahwe übertragen worden zu sein« (RGG II, 414; III, 1112; vgl. dagegen oben S. 33, Anm. 17). Ähnlich kennt SCHMID nur das Königtum Els (siehe oben S. 2, Anm. 9), vgl. WÜRTHWEIN, RGG II, 1706 u. 1709. MAAG schreibt (Suppl. VT 7, 142): »Man nennt Gott König. Die Prädikation ist wohl zuerst aus Jahwes Begegnung mit dem kanaanäischen El hervorgegangen«. Auch KRAUS schränkt die Tradition so ein, daß er alle Bezeichnungen Jahwes, wie König, Richter u. a., auf (El) Eljon zurückführen will (BK XV, 199f.). Während aber der Titel König nicht allein El zukommt, erscheint die Benennung Richter bei El überhaupt nicht, ebenso wie El auch nicht auf dem »Götterberg im Norden« thront. Hier sind ganz unterschiedliche Traditionen unter dem »höchsten Gott« (Eljon) zusammengefaßt.

[4] RGG II, 414 u. ö.

Israels Glauben unvereinbar. Schließlich konnte das Pantheon nur als unterworfener himmlischer Hofstaat bleiben.

Diese Feststellung lehrt außerdem, daß wir bei der Auszeichnung Jahwes als König zugleich ein polemisches Element heraushören müssen: nicht El oder Baal, noch ein anderer Gott, sondern Jahwe ist König. Ihm allein gebührt die Herrschaft.

Was ermöglicht Israel diese Geschichte, in der es Jahwes Gegner entmächtigt? Mit welchem Kriterium trifft es die Auswahl aus dem fremden Gut, was gestattet die Ablehnung einerseits und die Aufnahme und Umwandlung andererseits? Dieses Kriterium kann wohl nur in Jahwes »Eiferheiligkeit« (קנאה: Ex 20 5 34 14 Dt 5 9 6 15 Jos 24 19 u. a.) gesucht werden, die sich im 1. und 2. Gebot kundgab. Dieser Ausschließlichkeitsanspruch mit dem Bildverbot — mag auch die Formulierung „Jahwe ist ein eifersüchtiger Gott" erst deuteronomisch sein — war dem Jahweglauben seit je eigen und für ihn bestimmend, während er in Israels Umwelt ohne eigentliche Parallele ist. Die Frage, die die weitere Geschichte an Israel stellte, lautete also: Vermag Israel dieses 1. Gebot mit der Verehrung Jahwes allein durchzuhalten?

In den geschichtlichen Begegnungen und Auseinandersetzungen ist der Jahweglaube gewachsen, indem Jahwes Herrschaft über neue, ursprünglich unbekannte Bereiche ausgedehnt wurde, aber er ist doch nicht als »Synkretismus« erklärt, weil sich Israel insgesamt eben nicht seiner Umwelt anglich, sondern kritisch auswählte. Bildet dann nicht die Aufgabe, die das 1. Gebot an Israel stellt, die Kontinuität in aller Diskontinuität der Geschichte?

Zum Abschluß sei erneut die historische Frage aufgeworfen. Israel übertrug irgendwann nach seiner Einwanderung ins Kulturland den Königstitel auf Jahwe. Läßt sich vielleicht noch eine Vermutung darüber äußern, wo dies geschah?

Ist die Bezeichnung Jahwes als מֶלֶךְ, die im Alten Testament so stark an Jerusalem gebunden ist[5], auch erst dort auf Jahwe übertragen worden? Wurde Jahwe erst durch Verschmelzung mit dem Jerusalemer Stadtgott El Eljon, der anscheinend als Königsgott verehrt wurde (Ps 47 3 u. a.), selbst zum König[6]? Beruht aber Jahwes Königtum nicht allein auf Prädikationen des Gottes El, sondern entstammt mindestens zwei Quellen: dem Königtum Els und Baals, dann entfällt ein Grund, den Anfang von Jahwes Königtum erst in Jerusalem anzusetzen[7]. Wahrscheinlich kann man gar keinen

---

[5] S. o. S. 69, Anm. 5.

[6] So SCHMID, s. o. S. 2, Anm. 9.

[7] Ein Baalheiligtum ist in Jerusalem erst spät (II Reg 11 18) bezeugt. Zur Vermischung von Zügen Els und Baals in der Jerusalemer Tradition von El Eljon vgl. o. S. 58.

ursprünglichen Ort allein angeben, da die Begegnung der israelitischen Stämme und Gruppen mit der kanaanäischen Religion an ganz verschiedenen Kulturlandheiligtümern erfolgt sein wird. Wir wissen zu wenig von dem kanaanäischen Glauben an die Lokalnumina, um es gänzlich auszuschließen, daß auch sie als Königsgötter verehrt wurden. Da sie wohl als die örtlichen Erscheinungsformen des einen El oder Baal angesehen wurden, ist auch an anderen Orten im Land mit ähnlichen Mythen zu rechnen, wie sie in Ugarit entdeckt wurden, mit Mythen, in denen die Königsherrschaft eines Gottes proklamiert wird. Doch fehlt hier jede Überlieferung, und ohne eindeutiges Zeugnis muß hier jedes Urteil unsicher bleiben.

Vielleicht bietet aber der Ladetitel einen Anhalt. In der Ladeerzählung (I Sam 4-6 II Sam 6) heißt Jahwe zweimal »Jahwe Zebaoth, der auf den Keruben thront« (I Sam 4 4 II Sam 6 2). Läßt man die strittige Frage offen, ob die Lade seit jeher ein Jahwe eigenes Heiligtum aus der Wüstenzeit war oder erst im Kulturland aus einem kanaanäischen Kultsymbol zu einem Jahweheiligtum wurde, so legt doch erst der in Silo bezeugte Thronname die Annahme nahe, daß die Lade eben dort zu Jahwes Thron wurde. Auch wenn Jahwe bereits in der Wüstenzeit auf dem Wanderheiligtum der Lade sitzend gedacht war (Num 10 35 f.), so übernahm die Lade doch erst in Silo die Thronvorstellung. Schon EISSFELDT erwog, den Doppelnamen »Jahwe Zebaoth, der auf den Keruben thront« auf eine »Identifizierung Jahwes mit einem kanaanäischen Gott« »Zebaoth, der Kerubenthroner« zurückzuführen[8]. Tatsächlich ist eine gewisse Ähnlichkeit des Titels »der auf den Keruben thront« sowohl in der Form als auch leicht im Inhalt zu dem Gottesprädikat Baals *rkb ʿrpt* »der auf den Wolken dahinfährt« unverkennbar, zumal wenn man Jahwes Charakterisierung »der auf dem Kerub dahinfährt« (Ps 18 11 II Sam 22 11) als Vermittlung beider Vorstellungen ansieht. Die Parallele bestätigt die Vermutung, daß in dem Attribut »der Kerubenthroner« ein kanaanäisches Gottesepitheton vorliegt, das Israel entweder übernahm oder in Anlehnung an kanaanäische Vorbilder prägte.

Gewiß schließt die Thronvorstellung nicht zwingend eindeutig das göttliche Königtum ein, und doch läßt sich die Aussage vom Thronen Jahwes kaum von dem Königsprädikat trennen. Schon A. ALT stellte den »Zusammenhang zwischen dem Königstitel Jahwes, seiner Bezeichnung Jahwe Zebaoth und der Lade als seiner Repräsentation« heraus[9]. Da aber die Gottesnamen »der Kerubenthroner«

---

[8] Jahwe Zebaoth 146f.

[9] ALT (KlSchr I, 350f.) stützte sich dabei auf Jes 6 3. 5 Ps 24 7-10 Jer 46 18 48 15 51 17. Diesen Belegen lassen sich noch hinzufügen: Jes 24 23 Sach 14 16; weiter Jes 44 6 Mal 1 14 Ps 84 4 48 3. 9 99 1; vielleicht auch Ps 103 19ff. Bei den Gegenargumenten von SCHMID (ZAW 1955, 173f.) bleibt zu beachten, daß es in Ugarit anschei-

wie »Jahwe Zebaoth« auf Silo weisen (I Sam 1 3.11 4 4 u. a.), wird man schon hier mit der Übertragung des Königtums auf Jahwe rechnen können. Bedeutsam ist dabei, daß die Lade in Silo in einem nach kanaanäischem Vorbild erbauten Tempel gestanden hat, da auch die Ras Schamra-Texte die dem alten Orient geläufige Zusammengehörigkeit von Gottkönigtum und Tempel belegen. Diese Erwägungen gelten aber nur unter dem Vorbehalt, daß das Prädikat „der Kerubenthroner" tatsächlich nach Silo zurückführt und nicht erst spätere Verhältnisse im salomonischen Tempel widerspiegelt. Sollte der Titel von dem Kerubenpaar stammen, unter dessen beschirmenden Flügeln die Lade im Jerusalemer Allerheiligsten stand (I Reg 6 23ff. 8 6f.)? Weist aber das Verständnis der Keruben als Thronträger statt als Beschützer nicht auf eine andere Herkunft? Ein sicheres Urteil ist hier kaum zu erreichen. Doch setzt — unabhängig von der Lade — noch die Vision Micha ben Jimlas I Reg 22 19 außerhalb Jerusalems eine Thronratvorstellung ähnlich der Szene bei Jesajas Berufung (Jes 6 1-5) voraus.

Läßt man einen Zusammenhang zwischen der Thronvorstellung und der Aussage von Jahwes Königtum gelten, so wäre damit die Möglichkeit gegeben, daß Israel schon vor dem Bestehen des irdischen Königtums unter Saul und David von einer Königsherrschaft Jahwes sprach. Häufig wird die Frage: Kannte Israel eine »Königsherrschaft Jahwes in vorköniglicher Zeit?« verneint[10]. Konnte der Königstitel nicht auf Gott bezogen werden, bevor nicht die politische Einrichtung des Königtums bestand? Oder ist die Prädizierung Jahwes als König gar aus der Polemik gegen das irdische Königtum entstanden[11]? Doch war ja das Gottkönigtum in Israels Umwelt bekannt[12]; und gerade aus der Aufnahme und Ablehnung des doppelten Königtums Els und Baals mag sich die Benennung Jahwes als »König« erklären. Jedenfalls möchte diese Untersuchung nur die Übertragung des Königsprädikates auf Jahwe nach der Landnahme und nicht auch noch die Entstehung des Gottkönigtums nach dem Aufkommen des irdischen Königtums nachweisen.

nend ein Königtum ohne Hofstaat gab und umfassender von einem Gottesthron geredet wurde (S. 22, Anm. 1).

[10] So Rost, ThLZ 1960, 721ff.

[11] So z. B. Kraus, Königsherrschaft Gottes 94[2]; vgl. Gottesdienst in Israel[1] 106[182a]; weitere Lit. bei Bernhardt, Königsideologie 229f.[12].

[12] Schon Buber hielt einer ähnlichen Ansicht Gressmanns entgegen: Es trifft »nicht zu, was mit dem etwas unpräzisen Satz gemeint ist, ‚ein himmlischer König könne nicht existieren, so lange man hier auf Erden keinen solchen kenne'; denn in den altorientalischen Kulturkreisen, die auf das vorstaatliche Israel einwirken konnten, gab es das Gotteskönigtum in mannigfachen Abwandlungen genug« (KG 106). Zudem scheint das Gottkönigtum sich zuerst im himmlischen Bereich zu erstrecken (Jes 6 Ps 29 u. a.).

Nachdem Jahwe schon in früherer Zeit — vielleicht von Silo an — als thronender König verehrt worden war, verstärkte sich diese Prädikation in Jerusalem durch die Tradition des Stadtgottes El Eljon, die in den Zionsliedern (Ps 46 5 47 3 48 2f.) weiterleben konnte. In dem Jerusalemer Tempel wurde Jahwe als König gefeiert. Vielleicht wirkte auch die neue Institution des irdischen Königtums fördernd für die Botschaft von Jahwes Königtum, die sich nun breiter zu entfalten vermochte.

3. DAS NEUE VERSTÄNDNIS DES KÖNIGTUMS GOTTES

Jahwes »Königtum« ist ein Erbe Kanaans. Bringt aber die Übernahme durch Israel nicht gewisse Änderungen mit sich? Zur Beantwortung dieser Frage hilft ein Aufmerken auf bisher unbeachtet gebliebene Königstitulaturen Jahwes.

Ein Satz wie »‘Jahwe’ ist König über die ganze Erde« (Ps 47 8; eschatologisch: Sach 14 9) fällt grundsätzlich noch in den Rahmen kanaanäischer Glaubensaussagen[1], wenn auch die Betonung der Königsherrschaft über die ganze Erde noch über das übernommene Vorstellungsgut hinausführen mag. Wie steht es jedoch mit den Stellen, in denen Jahwes Königtum über die Völker proklamiert wird oder diese gar als seine Widersacher erscheinen? Von dem Ps 47 9 verkündet: »Jahwe ist König geworden über die Völker«, den nennt Jer 10 7 »König der Völker«. Zu ihm strömen die Völker herbei, fallen vor ihm nieder. Nach Sach 14 13 ff. werden die, die der Vernichtung im eschatologischen Völkerkampf entgehen, nach Jerusalem ziehen, um Jahwe als König zu verehren. Überhaupt werden auffällig häufig Jahwes Königtum und die Völker zusammen erwähnt[2]. Kennt nur Israel diese Verbindung, oder stehen sich auch in außerisraelitischen

---

1 Der gottkönigliche Herrschaftsbereich erstreckt sich universal über die Erde und die Menschen (vgl. S. 66 und S. 38, Anm. 13). Also ist »die Relation zwischen Volkskönigtum und Weltkönigtum JHWHs« nicht erst eine eschatologische Spannung (Buber, KG XII), sondern tritt auf, sobald der (kanaanäische) König über die Götter und die Erde zum König Israels wird. Hieran scheitert auch das Urteil Westermanns, »daß von Jahwe zuerst als König Israels, später als König der Völker oder der ganzen Welt geredet wurde« (LG 107). Richtig urteilt Kraus (BK XV, 199f.): »Dabei ist in aller Deutlichkeit festzustellen, daß der ‚Universalismus‘ in der Theologie der alttestamentlichen Psalmen nicht das Spätprodukt eines religiösen Entwicklungsprozesses innerhalb der Geschichte Israels, sondern vielmehr ein im Typos der Verehrung des ‚höchsten Gottes‘ bereits vorgegebenes Element der kanaanäischen Welt ist«, vgl. Ps 47 3 97 5. Nur eignet die universale Weite nicht ausschließlich dem »höchsten Gott« (Eljon), sondern ist ein Wesensmerkmal kanaanäischer (»Natur«-) Religion überhaupt.

2 Ps 10 16 22 29 44 2-5 47 3f. 9 96 7-10 99 1 149 Jer 10 10 Mal 1 14; vgl. Jer 51 57 Zeph 3 15. Ähnlich ישב: Ps 7 8 9 8f. 12 (16ff.) und משל: Ps 22 29 66 7f.

Parallelen ein (Königs-)Gott und die Völker gegenüber? Tatsächlich fehlen dafür, soweit ich sehe, irgendwelche Belege, obwohl vielfach von Götterkämpfen erzählt wird. Zwar herrschen die irdischen Großkönige über die Völker (Ps 2 110 Jes 41 1-4 45 1-3), aber mythische Vorstellungen, nach denen ein (Königs-)Gott — etwa der Jerusalemer Stadtgott El Eljon — Krieg mit Völkern führt, sind aus Israels Umwelt m. W. nicht bekannt. Auch der altisraelitische »Heilige Krieg« kann kaum der Ursprung der Auseinandersetzung zwischen Jahwe und den Völkern sein, weil er nicht gegen alle Völker, sondern nur als Verteidigungskrieg gegen einen Angreifer geführt wurde. Sollte da nicht doch der Völkerkampf aus mythischen Vorstellungen herzuleiten sein? GUNKEL und MOWINCKEL sahen in dem Völkerkampf eine Abart des Urmeerdrachenkampfes[3]. Vielleicht liegt hier auch eine Wandlung zugrunde, in der Jahwes Königtum über die anderen Götter zur Herrschaft über die fremden Völker wurde, da allein Israel andere Götter mit fremden Völkern gleichsetzen mußte. Dann wäre erst in Israel aus dem Götterkampf ein Völkerkampf geworden. Doch wo findet sich ein Beweis, der eine solche Vermutung erhärten könnte[4]?

Mit alledem ist die hervorstechendste Änderung noch nicht getroffen. Ein nur oberflächlicher Vergleich alttestamentlicher und ugaritischer Aussagen über den Gottkönig macht schlagartig klar: Analogien für Jahwes häufige Benennung »König Israels« oder »unser, euer, ihr, mein König«[5] fehlen in den Ras Schamra-Texten vollkommen[6]. Der Titel »König« bekundet nicht ein einziges Mal die Bindung des Gottes an die Menschen. Ja, selbst »unser Gott« oder »euer Gott« erscheint nicht[7]! Obwohl die Königsherrschaft des einen

---

[3] GUNKEL, Schöpfung und Chaos 99f.; MOWINCKEL, PsSt II, 57ff.

[4] Der sog. »Völkerkampfmythos« bedürfte noch einer eigenen Untersuchung. — In den gleichen Zusammenhang führt auch Jahwes Auszeichnung durch גָּדוֹל »groß«, die fast ausschließlich Jahwes Größe über Götter (Ps 77 14 96 4 135 5 Dtn 10 17 Ex 18 11 u. ö.; »großer König«: Ps 95 3) oder Völker (Ps 99 2 Dtn 7 21f.; »großer König«: Ps 47 3f. Mal 1 14) beinhaltet.

[5] »König Israels«: Jes 44 6 Zeph 3 15 (Mas.); »König Jakobs«: Jes 41 21; »ihr (Israels) König«: Mi 2 13 Ps 149 2; vgl. I Sam 8 7; »ihr (Zions) König«: Jer 8 19; »unser König«: Jes 33 22 Ps 47 7; »euer König«: I Sam 12 12 Jes 43 15; vgl. Ez 20 33; »mein König«: Ps 5 3 44 5 68 25 74 12 84 4.

[6] *mlk* erscheint mit Possessivpronomen nur in dem Götterwort über Baal *mlkn* »unser König« und in *mlkk* bzw. *mlkh* »dein bzw. sein Königtum« (siehe S. 22, Anm. 1). Sollte sich das Bild ändern, falls einmal ugaritische Gebete bekannt werden? Ist im Gebet die Anrede »mein König« (vgl. etwa ein sumerisches Lied auf Ninurta bei FALKENSTEIN-v. SODEN 60f.) möglich? Darum kann hier nur mit gewissem Vorbehalt geurteilt werden.

[7] *il* »Gott« kommt mit Possessivpronomen nur ein einziges Mal vor, nämlich als *ilk* »dein Gott« (?) an der völlig fragmentarischen Stelle *ʿnt pl* IX, II, 13 (CML 72b).

Gottes über die andern Götter Folgen für die Menschen hat, ja die Vormacht Baals oder Mots Tod oder Leben bedeuten kann[8], bleibt in den ugaritischen Mythen der Königstitel dem Verhältnis der Götter untereinander vorbehalten.

Weit anders in Israel! Es entlehnt die Vorstellung von einem Gottkönig bei den Kanaanäern, indem es Jahwe zum »König aller Götter« (Ps 95 3) proklamiert. Doch führt der Ausschließlichkeitsanspruch, den Jahwes Zusage zu seinem Volk erhebt[9], über die Entmachtung der Götter hinaus zu ihrer Leugnung. Wenn die Götter aber ihre »Daseinsberechtigung« verlieren, ist auch dem Königstitel kein Sinn mehr abzugewinnen; denn der Herrschaftsbereich ist entschwunden. Über wen soll sich das Königtum erstrecken? Den freigewordenen Platz beschlagnahmt die Jahweoffenbarung für sich. Jahwe wird »König über Israel«. Die Botschaft von Jahwes Bund mit Israel bedient sich des fremden Titels, der dem Polytheismus entstammt; denn er vermag das Zugleich von Zuwendung und Anspruch auszusagen. Gottes Bindung an Israel: »Ich bin Jahwe, dein Gott« gibt jetzt auch der Königstitel wieder.

Jahwes Hinneigung zu seinem Volk zeigt sich schon in der Genitivverbindung »König Israels« oder den Suffixen (»unser König« usw.). Jahwes Königtum bedeutet Heil: »Jahwe, unser König, er wird uns helfen« (Jes 33 22b). »König ‘geworden’ ist Jahwe in deiner Mitte, du sollst nichts Böses mehr sehen« (Zeph 3 15). Jahwe ist ein König, der Heilstaten vollbringt (Ps 44 5 74 12). Deuterojesaja stellt »der König Israels und sein Erlöser« nebeneinander (44 6). Doch schließt Jahwes Königsein sein Herrsein ein, so daß Ezechiel in einer ihm eigenen Wendung einmal Abfall und Ungehorsam mit der Drohung »Mit ausgeschüttetem Grimm will ich über euch herrschen (מלךְ)!« beantworten kann (Ez 20 33). Indem sich Gott an sein Volk bindet, richtet er an ihm sein Herrenrecht auf. Dieses Verhältnis bezeugt nun der Begriff *mlk*, der damit eine totale Wandlung erfahren hat.

Eine solche Geschichte mußte die Königsprädikation Jahwes erst durchlaufen haben, bevor sie dem Deuteronomisten[10] dazu dienen

(Die Form *ilhm* gehört nicht hierher, siehe S. 41, Anm. 4). Dieser Tatbestand bleibt erstaunlich und widerspricht der Annahme, daß El ein Zug zum Sozialen eigne, auch wenn El in Ugarit als Schützer des Königshauses erscheint (Krt, Aqht).

[8] Vgl. S. 61f., Anm. 14f. und S. 66, Anm. 1.

[9] Ex 20 2-5. Auch als König duldet Jahwe niemanden neben sich: »Jahwe ist König für immer und ewig. Die Völker sind aus seinem Land verschwunden« (Ps 10 16). »Und Jahwe wird König sein über die ganze Erde an jenem Tage. Jahwe wird einzig sein und sein Name einzig« (Sach 14 9); vgl. S. 27f.

[10] I Sam 7 2-8 22 und 12 1-25 sind Werk des Deuteronomisten (vgl. Noth, ÜSt 54ff.; A. Jepsen, Die Quellen des Königsbuches, Halle 1953, S. 95 u. a.). Er wird sich damit im Gefolge einer dem Königtum mit starkem Vorbehalt begegnenden Bewegung

konnte (I Sam 8 7 12 12), Gottes Herrschaft dem auf eigene Macht gegründeten irdischen Königtum entgegenzustellen.

Dabei mag die Entgegensetzung von Jahwes Herrschaftsanspruch über Israel und dem Wunsche des Volkes nach einem König, wie ihn die Nachbarvölker haben, nicht erst deuteronomistisch, sondern schon durch die Tradition vorgegeben sein[11], wie es auch für das »Königsrecht« I Sam 8 11ff. der Fall zu sein scheint. Will man aber auf Grund von I Sam 8 und 12 die Verehrung Jahwes als »König« schon in der vorköniglichen Zeit voraussetzen, so genügt es nicht nur, das Alter des berichteten Sachverhalts oder der allgemeinen »Grundhaltung« der Überlieferung anzunehmen, sondern man muß den überkommenen Wortlaut des Jahwewortes an Samuel (8 7) und der Abschiedsrede Samuels (12 12) aus der Zeit Sauls herleiten, was doch auf ernste Bedenken stößt. So bietet etwa die Parallelaussage I Sam 10 19 den Gegensatz ohne das Königsprädikat: »Ihr aber habt heute euern Gott verworfen«, indem ihr einen König begehrtet. Und sollte selbst die Erzählung genau die historischen Geschehnisse wiedergeben und Israel schon in vorstaatlicher Zeit ein »Königtum« Jahwes gekannt haben — wie man der Thronvorstellung bei der Lade entnehmen könnte[12] —, so fand das Ereignis doch erst lange nach der Landnahme und der Berührung mit kanaanäischem Glaubensgut statt. Daß die nomadischen Traditionen aus Israels Frühzeit nicht von Jahwe als »König« reden, spricht eindeutig dafür, daß der Königstitel erst im Lande aufkam.

Erst bei dem Exilspropheten Ezechiel treten fast ausnahmsweise einmal die altisraelitische Tradition vom Exodus — nur als Verheißung in die Zukunft verlegt — und die ursprünglich kanaanäische Königsprädikation zusammen. In der schon angeführten Heilsweissagung Ez 20 33ff. verheißt der Prophet einen neuen Auszug, die Sammlung der unter die Völker Zerstreuten und die Rückführung in die Wüste. Ezechiel nimmt mit der Ankündigung eines neuen Exodus in die Wüste Hos 2 16f. auf; bei Hosea ist aber die Verknüpfung mit der Königstitulatur noch nicht gegeben, und bei Deuterojesajas Verheißungen eines neuen Exodus tritt die Verbindung nicht mehr hervor. Nur geschieht der Herrschaftsantritt Jahwes mit der Königsproklamation nach Jes 52 7 bei der Heimkehr nach Jerusalem. Doch fügt Mi 2 13f. die Überlieferungen ähnlich zusammen: Dieses wohl erst aus exilischer oder nachexilischer Zeit stammende Wort verkündet eine Sammlung

---

befinden, von der zuvor Hosea (1 4 3 4 8 4 u. ö.) und das Deuteronomium (17 14-20) erfaßt waren, die Jahwe jedoch nicht »König« nennen.

[11] Eine ähnliche Tendenz begegnet ja nicht nur bei der Königswahl Sauls, sondern schon bei Gideon. Daß aber Jdc 8 22f. mindestens dem Wortlaut nach nicht in die Zeit der Richter zurückreicht, ist weithin anerkannt (vgl. etwa das Referat bei E. Täubler, Biblische Studien. Die Epoche der Richter, 1958, 267, 271[1]). Darum kann man diesem Spruch nicht so maßgebende Bedeutung für Israels Frühzeit zumessen, wie es Buber tut (KG 3ff.). Der Königstitel wird hier zwar für Jahwe gar nicht gebraucht (oder gemieden?), aber sachlich erinnert die Ablehnung eigener Herrschaft unter Hinweis auf die Gottesherrschaft an die deuteronomistische Formulierung von I Sam 12 12.

[12] Vgl. o. S. 88ff.

des Volkes, vor dem »ihr König, Jahwe« als Durchbrecher und Befreier herziehen wird; vgl. noch Mi 4 6 f. und Ob 19—21[13].

Erscheint der Königstitel bei Ezechiel nur einmal, so bei dem wenig späteren Exilspropheten Deuterojesaja gleich viermal, und zwar neben vielen anderen Gottesprädikationen, die ja bei ihm gehäuft und vielleicht unter Verlust ihres Eigensinnes, einander gleichgesetzt, auftreten können. So finden sich als Parallelausdrücke: »Schöpfer Israels, euer Heiliger, Erlöser« (43 15 44 6). Bei diesem Propheten ist eine doppelte Eigenart bemerkenswert. Einmal: Deuterojesaja gebraucht den Königstitel in polemischer Zuspitzung gegen die Götzen (41 21 44 6) in Gerichtsreden, in denen Jahwe sich mit fremden Göttern auseinandersetzt (41 21-29 44 6-8). Wird damit ein Traditionselement aufgenommen — der König ist König über die Götter — und zugespitzt weitergeführt? Zum andern: Obwohl für Deuterojesaja Jahwe der Herr der Völker und der Welt ist (40 15. 17. 22ff. u. a.), behält der Prophet die Bindung von Jahwes Königtum an Israel bei. Diesen Bezug des Königstitels auf das Volk kann er zwar übernehmen, er spricht aber die Zuwendung Gottes den Hörern im Exil neu als Trost zu, wie er mit der häufigen Anrede »Jakob-Israel« anscheinend die Verheißungen an die Erzväter weiter bestehen lassen will (vgl. 51 2 54 8ff. u. a.). Bei Deuterojesaja führt Jahwe den Titel »König« nie absolut —vielmehr: »König Jakobs« (41 21), »euer König« (43 15 echt?), »König Israels« (44 6). Auch Jes 52 7 »Dein Gott ist König geworden« zeigt die Bindung der Königsprädikation an Jerusalem[14]. Der Weltenherrscher bleibt König Israels, der Weltenkönig ein Volkskönig.

Israel hat einerseits die Bindung von Jahwes Königtum an das Volk und andererseits die universale Weite des Königtums herausgearbeitet. Unüberbietbar ist die räumliche Entgrenzung des Herrschaftsbereichs in Ps 103 19:

> Jahwe hat seinen Thron im Himmel aufgestellt,
> und seine Königsmacht herrscht über das All.

Dabei mag das Himmelskönigtum eine späte Ausgestaltung der alten in Ps 29 10 bewahrten kanaanäischen Vorstellung sein, wie ja auch der König traditionell von der ihn lobenden himmlischen Heerschar umgeben ist (103 20 ff.; vgl. 29 1 f. u. a.). Dieser im Alten Testament vorgenommenen Erweiterung der göttlichen Königsherrschaft im Raum entspricht in Ps 145 13 eine Ausdehnung in der Zeit:

> Dein Königtum ist ein Königtum für alle Zeiten,
> und deine Herrschaft für Geschlecht um Geschlecht.

---

[13] Auch in Ps 47 3-5 treten Königtum und Völkerherrschaft, konkretisiert in der Landnahme, zusammen. v. 4f. entfalten v. 3.

[14] Zur Stelle vgl. o. S. 75.

Bildet die fast wörtliche ugaritische Parallele eine Verheißung für die Zukunft[15], so wird hier die gesamte Zeit Jahwes Königtum unterstellt (ähnlich Ps 146 10 Jer 10 10 Dan 3 33 4 31). Das Bekenntnis zu der schon gegenwärtig wirksamen Weltregierung Gottes durchzieht gleich einem Thema die Legenden des Danielbuches.

Den König Jahwe, dessen Herrschaft räumlich und zeitlich unbegrenzt ist, fleht zugleich der einzelne mit Klage und Vertrauensäußerung an: »mein König und mein Gott« (Ps 5 3 84 4; in Ps 44 5 68 25 74 12 mag ein Vorbeter für die Gemeinde sprechen). Der einzelne fordert im Hymnus sich selbst auf, »meinen Gott, den König« zu erheben (Ps 145 1). Jahwes Königsmacht gewährt auch dem einzelnen Hilfe und wird mit Preis und Dank beantwortet. — Entsprechen sich der Zug ins Kosmische und Individuelle? Vielleicht darf man ein wenig zugespitzt zusammenfassen: Jahwe wurde vom König über die Erde zum König über die Welt und alle Zeit, vom König über die Götter zum König über Israel und den einzelnen.

Mag Israel ursprünglich in der Auseinandersetzung mit der Umweltreligion verkündet haben: Jahwe ist König, so verkündet es mehr und mehr: Jahwe ist König. Sein Königtum wird in der Regel nicht im nominalen Zustandssatz, sondern im Verbalsatz entfaltet, der eine Handlung, ein Wirken ansagt. Gottes Königsherrschaft wird als Ereignis verstanden; denn Jahwe übt die Herrschaft aus (etwa Ez 20 33 Ps 103 19 22 29; auch I Sam 8 7 12 12 Ex 15 18 u. a.). Sprechen darum auch die späteren Texte (Ps 103 145 Dan 3f) von Jahwes »Königreich« statt von Jahwe als »König«?

Zugleich wird in der Spätzeit Jahwes Königsherrschaft, die alle Zeit zu umspannen vermag, mehr und mehr zur Verheißung, zur Hoffnung und Erwartung für die Zukunft. Schon Deuterojesaja verkündete Gottes Königsantritt für die unmittelbar bevorstehende Zukunft (52 7), ähnlich Ezechiel (20 33), vgl. noch Mi 2 13 Ob 21. Dann erhofft man für die Endzeit, daß Jahwe sich als König zeigt, seine Herrschaft durchsetzt und unbeschränkt regiert. Der Prosazusatz Jes 24 21-23 verheißt für »jenen Tag« die Entmachtung der himmlischen und irdischen Gegner und die Aufrichtung der Königsherrschaft auf dem Zion in Jerusalem. Nach Sach 14 wird der Rest der Völker, der der eschatologischen Vernichtung zu entkommen vermag, Jahwe als König verehren (v. 9.16 f.); vgl. noch Mi 4 7 oder Apk 11 15. 17 u. a. Jahwes Königsherrschaft ist eschatologisch oder gar apokalyptisch geworden. Hat sich auch die prophetische Naherwartung (DtJs) nicht erfüllt, die Ausrichtung auf eine die Gegenwart verwandelnde Zukunft bleibt; nur wird die Erwartung eines Ereignisses in der Geschichte zur Hoffnung auf ein jenseitiges Geschehen. Zwar bringt die Chronik Gottes Königtum in Zusammenhang mit der Davididenherrschaft

[15] Vgl. S. 53, Anm. 2.

(I Chr 17 14 28 5 29 11f. 23 u. a.), doch bleiben vorstellungsmäßig die Erwartungen auf das Königreich Gottes und das messianische Reich getrennt.

Die Geschichte des Königsprädikates hat sich als ein tiefgreifender Prozeß der Entmythisierung[16] enthüllt. Die übernommene Vorstellung eines Gottes als eines Königs über die anderen Götter dient im Alten Testament dazu, Israels Glaube an den ihm zugewandten König Jahwe auszusagen, der zugleich Herr des Volkes und der Welt ist. Zwar war auch schon in der Vorstellung vom Königtum eines Gottes über die anderen Götter die Herrschaft über die Menschen inbegriffen, in Israel fällt aber der Mythos, der die Herrenstellung des einen Gottes begründet hatte, fort. Manche Aussagen, die Kanaan von den Königsgöttern machte, blieben gültig oder wurden uminterpretiert, andere wurden durch neue ersetzt. Die skizzierte Geschichte, die bei dem doppelten Königtum Els und Baals einsetzte, endet mit Israels Verkündigung der Königsherrschaft Gottes. Und diese Königsherrschaft bedeutet Freude (Ps 149 2 Zeph 3 14 f.).

---

[16] Dieser Begriff möchte Israels Umgang mit dem Mythos von der hermeneutischen Methode der »Entmythologisierung« unterscheiden.

LITERATUR

1. Verzeichnis der Abkürzungen

Soweit nicht die üblichen Abkürzungen nach Die Religion in Geschichte und Gegenwart (^{3}1957ff.) = RGG verwendet wurden, sind sie unten angegeben.

ANEP — The Ancient Near East in Pictures Relating to the Old Testament, ed. J. B. Pritchard, Princeton 1950

ANET — Ancient Near Eastern Texts Relating to the Old Testament, ed. J. B. Pritchard, Princeton 1950; dort H. L. Ginsberg, Ugaritic Myths, Epics, and Legends, S. 129—155

AOT — Altorientalische Texte zum Alten Testament, hrsg. von H. Gressmann, Berlin/Leipzig ^{2}1926

BHK — Biblia Hebraica, ed. R. Kittel, Stuttgart ^{9}1954

BS — C. Brockelmann, Hebräische Syntax, Neukirchen 1956

CML — G. R. Driver, Canaanite Myths and Legends (Old Testament Studies III), Edinburgh 1956

GBu — W. Gesenius-F. Buhl, Hebräisches und Aramäisches Handwörterbuch über das Alte Testament, Berlin/Göttingen/Heidelberg ^{17}1915, Nachdruck 1954

GK — W. Gesenius-E. Kautzsch, Hebräische Grammatik, Leipzig ^{28}1909

Hooke III — Myth, Ritual, and Kingship. Essays on the Theory and Practice of Kingship in the Ancient Near East and in Israel, ed. S. H. Hooke, Oxford 1958

KAI — H. Donner-W. Röllig, Kanaanäische und aramäische Inschriften I—III, Wiesbaden 1962/4

KBL — L. Köhler-W. Baumgartner, Lexicon in Veteris Testamenti Libros, Leiden 1953

PRU II — C. Virolleaud, Le Palais royal d'Ugarit II. Textes en cunéiformes alphabétiques des Archives Est, Ouest et Centrales (Mission de Ras Shamra VII), Paris 1957

TRS — J. Aistleitner, Die mythologischen und kultischen Texte aus Ras Schamra (Bibliotheca Orientalis Hungarica VIII), Budapest 1959

UL — C. H. Gordon, Ugaritic Literature (Scripta Pontifici Instituti Biblici 98), Rom 1949

UM — C. H. Gordon, Ugaritic Manual (Analecta Orientalia 35), Rom 1955

WM — Wissenschaftliche Monographien zum Alten und Neuen Testament, Neukirchen

2. Ugarit, Vorderorientalisches und Religionsgeschichtliches

Häufiger genannte Werke der unter 2. und 3. angeführten Literatur werden mit Verfassernamen und der unten angegebenen Abkürzung zitiert.

J. Aistleitner, Untersuchungen zur Grammatik des Ugaritischen (Berichte über die Verhandlungen der sächsischen Akademie der Wissenschaften zu Leipzig, Philol.-hist. Kl., Bd. 100, H. 6), Berlin 1954 = UGU

—, Wörterbuch der ugaritischen Sprache (dort Bd. 106, H. 3), Berlin 1963 = WUS

A. Alt, Zu einigen Bezeichnungen von Berufen im Ugaritischen, ZAW NF 17, 1940/1, 277—279

—, Die phönikischen Inschriften von Karatepe, WO 1, 1949, 272—287
—, Hohe Beamte in Ugarit, Studia Orientalia J. PEDERSEN dicata, Kopenhagen 1953, S. 1—11

W. F. ALBRIGHT, Zabûl Yam and Thâpiṭ Nahar in the Combat between Baal and the Sea, JPOS 16, 1936, 17—20

—, Von der Steinzeit zum Christentum, München 1949

—, Baal-Zephon, Festschrift A. BERTHOLET, Tübingen 1950, S. 1—14

—, Die Religion Israels (im Lichte der archäologischen Ausgrabungen), München-Basel 1956 = RI

W. W. Graf BAUDISSIN, RE XIII, 1903, 269—303, Art.: Moloch

—, Kyrios als Gottesname im Judentum und seine Stelle in der Religionsgeschichte (Teil III und IV), hrsg. von O. EISSFELDT, Gießen 1929

H. BAUER, Die Gottheiten von Ras Schamra, ZAW NF 10, 1933, 81—101; NF 12, 1935, 54—59

W. BAUMGARTNER, Ras Schamra und das Alte Testament, ThR NF 12, 1940, 163—188; 13, 1941, 1—20, 85—102, 157—183

—, Ugaritische Probleme und ihre Tragweite für das Alte Testament, ThZ 3, 1947, 81—100

H. BIRKELAND, Zur Erklärung von áléyn in den Texten von Ras Schamra, NTS 9, 1938, 143—157

H. BONNET, Reallexikon der ägyptischen Religionsgeschichte, Berlin 1952 = RÄRG

C. BROCKELMANN, Zur Syntax der Sprache von Ugarit, Or NS 10, 1941, 223—240

H. CAZELLES, SDB V, 1957, 1337—1346, Art.: Moloch

A. CAQUOT, Le dieu ʿAthtar et les textes de Ras Shamra, Syria 35, 1958, 45—60

C. CLEMEN, Lukians Schrift über die syrische Göttin, AO 37 (Heft 3/4), Leipzig 1938

—, Die phönikische Religion nach Philo von Byblos (Mitteilungen der Vorderasiatisch-Ägyptischen Gesellschaft 42, 3), Leipzig 1939 = phRel

G. R. DRIVER, Hebrew ʿal (‚high one') as a Divine Title, ExpT 50, 1938, 92—93

—, Ugaritic and Hebrew Problems, Arch Or 17, 1949, 153—157

R. DUSSAUD, Les découvertes de Ras Shamra (Ugarit) et l'Ancien Testament, Paris ²1941 = DRS

O. EISSFELDT, Baal Zaphon, Zeus Kasios und der Durchzug der Israeliten durchs Meer (BRA 1), Halle 1932
—, Baalšamem und Jahwe, ZAW NF 16, 1939, 1—31 (= KlSchr II, 171ff.)
—, Ras Schamra und Sanchunjaton (BRA 4), Halle 1939 = RSuS
—, Die Wohnsitze der Götter von Ras Schamra, FuF 20, 1944, 25—27 (= KlSchr II, 502ff.)
—, El im ugaritischen Pantheon (Berichte über die Verhandlungen der sächsischen Akademie der Wissenschaften zu Leipzig, Philol.-hist. Kl., Bd. 98, H. 4), Berlin 1951 = EUP

I. ENGNELL, Studies in Divine Kingship in the Ancient Near East, Uppsala 1943

A. ERMAN, Die Literatur der Ägypter, Leipzig 1923

—, Die Religion der Ägypter, Berlin-Leipzig 1934 = Rel.

A. FALKENSTEIN-W. v. SODEN, Sumerische und akkadische Hymnen und Gebete (Die Bibliothek der alten Welt), Zürich-Stuttgart 1953

L. R. FISHER, Creation at Ugarit and in the Old Testament, VT 15, 1965, 313-324

G. FOHRER, Die wiederentdeckte kanaanäische Religion, ThLZ 78, 1953, 193—200

H. FRANKFORT, Kingship and the Gods. A Study of Ancient Near Eastern Religion as the Integration of Society and Nature, Chicago 1948

TH. H. GASTER, Thespis. Ritual, Myth, and Drama in the Ancient Near East, New York 1950 (²1961)

—, The Religion of the Canaanites in V. FERM, Forgotten Religions, New York 1950, S. 111—143

A. GOETZE, Kleinasien (Kulturgeschichte des alten Orients III, 1 in HAW III, 1), München ²1957

J. GRAY, Cultic Affinities between Israel and Ras Shamra, ZAW NF 21, 1950, 207—220

—, Canaanite Kingship in Theory and Practice, VT 2, 1952, 193—220

—, The Hebrew Conception of the Kingship of God: its Origin and Development, VT 6, 1956, 268—285

—, The Legacy of Canaan. The Ras Shamra Texts and their Relevance to the Old Testament (Suppl. VT V), Leiden 1957 = LC

—, The Kingship of God in the Prophets and Psalms, VT 11, 1961, 1—29

N. C. HABEL, Yahweh versus Baal, New York 1964

P. HUMBERT, A propos du »serpent« (bšn) du mythe de Môt et Aleïn, AfO 11, 1936/7, 235—237

F. HVIDBERG, Weeping and Laughter in the Old Testament, Kopenhagen 1962; vgl. ZAW NF 16, 1939, 150—152

E. JACOB, Ras Shamra-Ugarit et l'Ancien Testament, Neuchâtel 1960

A. JIRKU, Kanaanäische Mythen und Epen aus Ras Schamra-Ugarit, Gütersloh 1962

A. S. KAPELRUD, Jahves tronstigningsfest og funnene i Ras Sjamra, Norsk TT 41, 1940, 38—58

—, Baal in the Ras Shamra Texts, Kopenhagen 1952 = BRST

—, Ras Sjamra-Funnene og det Gamle Testament, Oslo 1953 = The Ras Shamra Discoveries and the Old Testament, Oxford 1965

H. KEES, Der Götterglaube im alten Ägypten, Berlin ²1956

—, Ägypten (Religionsgeschichtliches Lesebuch 10), Tübingen ²1928

R. DE LANGHE, Les Textes de Ras Shamra-Ugarit et leurs Rapports avec le Milieu Biblique de l'Ancien Testament I. II, Gembloux-Paris 1945 = DE LANGHE I. II

—, La Bible et la littérature ugaritique, L'Ancien Testament et l'Orient (Orientalia et Biblica Lovaniensia 1), Louvain 1957, 65—87

G. VAN DER LEEUW, Phänomenologie der Religion, Tübingen ²1956

F. LØKKEGAARD, The House of Baal, AcOr 22, 1955, 10—27

—, A Plea for El, the Bull, and other ugaritic Miscellanies, Studia Orientalia J. PEDERSEN dicata, Kopenhagen 1953, S. 219—235

D. NIELSEN, Ras-Shamra-Mythologie und Biblische Theologie (Abhandlungen für die Kunde des Morgenlandes 21, 4), Leipzig 1936

M. NOTH, Die syrisch-palästinische Bevölkerung des zweiten Jahrtausends v. Chr. im Lichte neuer Quellen, ZDPV 65, 1942, 9—67

—, Die Herrenschicht von Ugarit im 15./14. Jahrhundert v. Chr., dort S. 144—164

J. OBERMANN, Ugaritic Mythology. A Study of Its Leading Motifs, New Haven 1948 = UMy

J. PEDERSEN, Canaanite and Israelite Cultus, AcOr 18, 1940, 1—14

M. H. POPE, El in the Ugaritic Texts (Suppl. VT 2), Leiden 1955 = EUT

G. ROEDER, Urkunden zur Religion des alten Ägypten (Religiöse Stimmen der Völker), Jena 1915 = Urk.

—, Die ägyptische Religion in Texten und Bildern I—III, Zürich-Stuttgart 1959/60 = Roeder I, II, III

W. RÖLLIG, El als Gottesbezeichnung im Phönizischen, Festschrift J. FRIEDRICH, Heidelberg 1959, S. 403—416

CL. F.-A. SCHAEFFER, Ugaritica (I). II. III. Mission de Ras Shamra III, V, VIII. (Bibliothèque archéologique et historique XXXI. XLVII. LXIV), Paris 1939, 1949, 1956

—, The Cuneiform Texts of Ras Shamra-Ugarit (The Schweich Lectures of the British Academy 1936), London 1939

W. H. SCHMIDT, Baals Tod und Auferstehung, ZRGG 15, 1963, 1—13

W. v. SODEN, Gibt es ein Zeugnis dafür, daß die Babylonier an die Wiederauferstehung Marduks geglaubt haben?, ZA 51, 1955, 130—166

—, Beiträge zum Verständnis der neuassyrischen Briefe über die Ersatzkönigsriten, Vorderasiatische Studien (Festschrift VIKTOR CHRISTIAN), Wien 1956, S. 100—107

F. THUREAU-DANGIN, Une tablette bilingue de Ras Shamra, RA 37, 1940, 97—118

—, Cinq tablettes accadiennes de Ras Shamra, RA 38, 1941, 1—12

R. DE VAUX, Les Textes de Ras Shamra et l'Ancien Testament, RB 46, 1937, 526—555

CH. VIROLLEAUD, Die Idee der Wiedergeburt bei den Phöniziern, Eranos-Jahrbuch 7, 1939, Zürich 1940, S. 21—60

G. D. YOUNG, Concordance of Ugaritic (Analecta Orientalia 36), Rom 1956

H. ZIMMERN, Das babylonische Neujahrsfest (AO 25, 3), Leipzig ²1926

3. Altes Testament

G. W. AHLSTRÖM, Aspects of Syncretism in Israelite Religion (Horae Soederblomianae 5), Lund 1963

W. F. ALBRIGHT, The Oracles of Balaam, JBL 63, 1944, 207—233

A. ALT, Kleine Schriften zur Geschichte des Volkes Israel I. II, München ²1958 = KlSchr I. II

J. BEGRICH, Studien zu Deuterojesaja (BWANT IV, 25), Stuttgart 1938, München ²1963

K. H. BERNHARDT, Das Problem der altorientalischen Königsideologie im Alten Testament (Suppl. VT VIII), Leiden 1961

J. BONSIRVEN, Le règne de Dieu suivant l'Ancien Testament, Mélanges Bibliques rédigés en l'honneur de ANDRÉ ROBERT, Paris 1957, 295—302

J. BRIGHT, A History of Israel, London 1960 (Reg.)

M. BUBER, Königtum Gottes, Heidelberg ³1956 (= Werke II, 1964, 485ff.) = KG

G. COOKE, The Sons of (the) God(s), ZAW 76, 1964, 22—47

F. M. CROSS, Notes on a Canaanite Psalm in the Old Testament, BASOR 117, 1950, 19—21

F. M. CROSS-D. N. FREEDMAN, The Blessing of Moses, JBL 67, 1948, 191—210

—, The Song of Miriam, JNES 14, 1955, 237—250

J. DUS, Die »Sufeten Israels«, ArOr 31, 1963, 444—469

O. EISSFELDT, Kleine Schriften I. II, Tübingen 1962f. = KlSchr I, II

—, Jahwe als König, ZAW NF 5, 1928, 81—105 (= KlSchr I, 172ff.)

—, Molk als Opferbegriff im Punischen und Hebräischen und das Ende des Gottes Moloch (BRA 3), Halle 1935

—, Jahwe Zebaoth, Miscellanea academica Berolinensia, 1950, S. 128—150

—, Gott und das Meer in der Bibel, Studia Orientalia J. PEDERSEN dicata, Kopenhagen 1953, S. 76—84

—, El and Yahweh, JSS 1, 1956, 25—37

F. C. FENSHAM, The Judges and Ancient Israelite Jurisprudence, Die ou testamentiese werkgemeenskap in Suid-Afrika, Papers read at 2nd Meeting, Pretoria 1959, S. 15—22

J. DE FRAINE, L'aspect religieux de la royauté israélite (Analecta Biblica 3), Rom 1954, bes. S. 117—134

A. Frh. v. GALL, Basileia tou theou, Heidelberg 1926

K. GALLING, Der Ehrenname Elisas und die Entrückung Elias, ZThK 53, 1956, 129—148

TH. H. GASTER, Psalm 29, JQR 37, 1946/7, 55—65

—, An Ancient Eulogy on Israel: Deuteronomy 33 3-5. 26-29, JBL 66, 1947, 53—62

A. GONZALES, Le Psaume LXXXII, VT 13, 1963, 293—309

P. GRELOT, Isaïe XIV 12—15 et son arrière-plan mythologique, RHR 149, 1956, 18—48

O. GRETHER, Die Bezeichnung »Richter« für die charismatischen Helden der vorstaatlichen Zeit, ZAW NF 16, 1939, 110—121

H. GROSS, Weltherrschaft als religiöse Idee im Alten Testament, Bonn 1953, bes. S. 22—45

—, Läßt sich in den Psalmen ein »Thronbesteigungsfest Gottes« nachweisen?, Trierer Theologische Zeitschrift (Pastor bonus) 65, 1956, 24—40

H. GUNKEL, Schöpfung und Chaos in Urzeit und Endzeit. Eine religionsgeschichtliche Untersuchung über Gen 1 und Ap Joh 12, Göttingen 1895. ²1921

—, Die Psalmen (HK II, 2), Göttingen ⁴1926

W. HERRMANN, Die Göttersöhne, ZRGG 12, 1960, 242—251

P. HUMBERT, La »Terou'a«. Analyse d'un rite biblique (Université de Neuchâtel. Recueil de travaux publié par la faculté des lettres, vingt-troisième fascicule), Neuchâtel 1946

—, »Qânâ« en Hébreu biblique, Festschrift A. BERTHOLET, Tübingen 1950, S. 259—266

E. JENNI, Das Wort *'olam* im Alten Testament, ZAW NF 23, 1952, 197—248; 24, 1953, 1—35

J. JEREMIAS, Theophanie. Die Geschichte einer alttestamentlichen Gattung (WM 10), Neukirchen 1965

O. KAISER, Die mythische Bedeutung des Meeres in Ägypten, Ugarit und Israel (BZAW 78), Berlin 1959 (²1962) = Meer

L. KÖHLER, Die hebräische Rechtsgemeinde, in Der hebräische Mensch, Tübingen 1953, S. 143 — 171

H. J. KRAUS, Die Königsherrschaft Gottes im Alten Testament. Untersuchungen zu den Liedern von Jahwes Thronbesteigung (Beitr. z. hist. Theol. 13), Tübingen 1951

—, Gottesdienst in Israel, München 1954. ²1963

—, Psalmen (BK XV) Neukirchen 1958ff.,

E. KUTSCH, Das Herbstfest in Israel, ungedr. Diss., Mainz 1955

—, Erwägungen zur Geschichte der Passafeier und des Massotfestes, ZThK 55, 1958, 1—35

A. LAUHA, Zaphon. Der Norden und die Nordvölker im Alten Testament (Annales Academiae Scientiarum Fennicae XLIX, 2), Helsinki 1943

S. LINDER, Jahwe und Baal im alten Israel, Abhandlungen der Herder-Gesellschaft und des Herder-Institutes zu Riga VI, 3 (In Piam Memoriam A. v. BULMERINCQ), Riga 1938, S. 98—107

V. MAAG, Jahwäs Heerscharen, Schweizerische Theologische Umschau (L. KÖHLER-Festschrift), 1950, S. 27—52

—, Malkût Jhwh, Congress Volume Oxford 1959 (Suppl. VT 7), 1960, 129—153

D. MICHEL, Studien zu den sogenannten Thronbesteigungspsalmen, VT 6, 1956, 40—68

—, Tempora und Satzstellung in den Psalmen, Bonn 1960

J. MORGENSTERN, The Mythological Background of Psalm 82, HUCA 14, 1939, 29—126 (vgl. R. DUSSAUD, Syria 21, 1940, 233—234)

S. MOWINCKEL, Psalmenstudien II. Das Thronbesteigungsfest Jahwäs und der Ursprung der Eschatologie (Videnskapsselskapets Skrifter. II. Hist.-filos. Klasse 1921, No. 6), Kristiania 1922

—, Der Ursprung der Bileamsage, ZAW NF 7, 1930, 233—271

—, Religion und Kultus, Göttingen 1953

—, Der achtundsechzigste Psalm (Avhandlinger utgitt av Det Norske Videnskaps-Akademi i Oslo. II. Hist.-filos. Klasse), Oslo 1953, S. 1—78

—, »Psalm Criticism between 1900 and 1935« (Ugarit and Psalm Exegesis), VT 5, 1955, 13—33

—, The Psalms in Israel's Worship I, Oxford 1962, bes. S. 106ff.

M. J. Mulder, Baʿal in het Oude Testament, den Haag 1962

M. Noth, Überlieferungsgeschichte des Pentateuch, Stuttgart 1948. ²1960 = ÜP

—, Geschichte Israels, Göttingen ²1954 = GI

—, Überlieferungsgeschichtliche Studien, Tübingen ²1957 = ÜSt

—, Gesammelte Studien zum Alten Testament (Theol. Bücherei 6), München 1957. ²1960 = GesSt

—, Das zweite Buch Mose. Exodus (ATD 5), Göttingen 1959

H. S. Nyberg, Studien zum Hoseabuche. Zugleich ein Beitrag zur alttestamentlichen Textkritik (UUÅ 1935: 6), Uppsala 1935 (vgl. J. Begrich, OLZ 42, 1939, 473—483)

G. Östborn, Yahweh and Baal. Studies in the Book of Hosea and related Documents (LUÅ NF. Avd. 1, Bd. 51, Nr. 6), Lund 1956

G. v. Rad, Art.: βασιλεύς, ThW I, 563—569

—, Gesammelte Studien zum Alten Testament (Theol. Bücherei 8), München 1958 = GesSt

R. Rendtorff, Der Kultus im Alten Israel, Jahrbuch für Liturgik und Hymnologie 2, 1956, Kassel 1957, S. 1—21

—, Kult, Mythos und Geschichte im Alten Israel, Sammlung und Sendung (Festgabe für H. Rendtorff), Berlin 1958, S. 121—129

—, Die Offenbarungsvorstellungen im Alten Israel in Offenbarung als Geschichte, 1961 (²1963), 21—41

W. Richter, Zu den „Richtern Israels", ZAW 77, 1965, 40-72

E. Rohland, Die Bedeutung der Erwählungstraditionen Israels für die Eschatologie der alttestamentlichen Propheten, Diss. Heidelberg 1956

L. Rost, Königsherrschaft Jahwes in vorköniglicher Zeit?, ThLZ 85, 1960, 721—724

H. Schmid, Jahwe und die Kulttraditionen von Jerusalem, ZAW NF 26, 1955, 168 bis 197

H. Schmidt, Die Thronfahrt Jahves (Sammlung gemeinverständlicher Vorträge 122), Tübingen 1927

W. H. Schmidt, Wo hat die Aussage: Jahwe »der Heilige« ihren Ursprung?, ZAW 74, 1962, 62—66

—, Jerusalemer El-Traditionen bei Jesaja, ZRGG 16, 1964, 302—313

R. Schnackenburg, Gottes Herrschaft und Reich, Freiburg 1959, bes S. 1—22

J. Schreiner, Sion-Jerusalem Jahwes Königssitz. Theologie der Heiligen Stadt im Alten Testament, München 1963, bes. S. 191—216

A. van Selms, The Title »Judge«, Die ou testamentiese werkgemeenskap in Suid-Afrika, Papers read at 2nd Meeting, Pretoria 1959, S. 41—50

A. Szörenyi, Psalmen und Kult im Alten Testament, Budapest 1961, bes. S. 156ff.

G. L. della Vida, El 'Elyon in Genesis 14 18-20, JBL 63, 1944, 1—9

H. E. v. Waldow, Anlaß und Hintergrund der Verkündigung des Deuterojesaja, Diss. Bonn 1953

C. Westermann, Das Loben Gottes in den Psalmen, Göttingen 1954 = LG

G. Widengren, Sakrales Königtum im Alten Testament und im Judentum, Stuttgart 1955

H. Wildberger, Jahwes Eigentumsvolk. Eine Studie zur Traditionsgeschichte und Theologie des Erwählungsgedankens (Abhandlungen zur Theologie des Alten und Neuen Testaments 37), Zürich 1960

F. Willesen, The Cultic Situation of Psalm LXXIV, VT 2, 1952, 289—306

H. W. Wolff, Dodekapropheton. Hosea (BK XIV/1), Neukirchen 1961. ²1965

G. E. Wright, The Old Testament Against Its Environment (Studies in Biblical Theology 2), London ²1951

E. Würthwein, Der Ursprung der prophetischen Gerichtsrede, ZThK 49, 1952, 1—16

REGISTER

Das Register, als Ergänzung des Inhaltsverzeichnisses gedacht, erfaßt nur eine Auswahl. Die Verweise auf ugaritische und hebräische Wörter können zugleich als Sachregister dienen. Die hochgestellten Ziffern beziehen sich auf die Anmerkungen der betreffenden Seite.

A. NAMEN UND BEGRIFFE

B. ALTTESTAMENTLICHE TEXTE

C. UGARITISCHE UND HEBRÄISCHE WÖRTER